AF464793

NOTICE

HISTORIQUE ET GÉNÉALOGIQUE

SUR LA MAISON

BONNIN DE LA BONNINIÈRE
DE BEAUMONT

MARQUIS ET COMTES DE BEAUMONT
MARQUIS DE LA CHARTRE-SUR-LOIR
SEIGNEURS DES CHASTELLIERS, BEAUVAIS, LE FRESNE SAVARY, REZÉ, RORTRE
FONTENAY, BEAUMONT-LA-RONCE, CHATILLON, RUILLÉ, ETC.
PAIRS DE FRANCE, HONNEURS DE LA COUR

RÉDIGÉE

D'APRÈS LES TITRES ORIGINAUX

ET LES PREUVES DE CETTE MAISON POUR LES HONNEURS DE LA COUR

TOURS
IMPRIMERIE A. MAME ET FILS
1897

NOTICE

HISTORIQUE ET GÉNÉALOGIQUE

SUR LA MAISON

BONNIN DE LA BONNINIÈRE DE BEAUMONT

NOTICE

HISTORIQUE ET GÉNÉALOGIQUE

SUR LA MAISON

BONNIN DE LA BONNINIÈRE DE BEAUMONT

MARQUIS ET COMTES DE BEAUMONT
MARQUIS DE LA CHARTRE-SUR-LOIR
SEIGNEURS DES CHASTELLIERS, BEAUVAIS, LE FRESNE SAVARY, REZÉ, RORTRE
FONTENAY, BEAUMONT-LA-RONCE, CHATILLON, RUILLÉ, ETC.
PAIRS DE FRANCE, HONNEURS DE LA COUR

RÉDIGÉE

D'APRÈS LES TITRES ORIGINAUX

ET LES PREUVES DE CETTE MAISON POUR LES HONNEURS DE LA COUR

TOURS

IMPRIMERIE A. MAME ET FILS

1897

AVANT-PROPOS

D'une origine très ancienne, puisqu'elle peut prouver ce qu'on appelle la noblesse féodale, la famille Bonnin de la Bonninière de Beaumont s'est signalée par ses services militaires. Elle a reçu par érections successives les titres de marquis et comtes de Beaumont-la-Ronce, marquis de la Chartre-sur-Loir, et enfin la dignité de pairs de France dans deux de ses branches.

Elle a produit un chevalier, Hugues Bonin, qui prit part à la troisième croisade, ainsi qu'il ressort d'une chartre d'aveu de 1191; un chevalier également nommé Hugues, qui fut châtelain de Beaugency, en 1348; plusieurs chevaliers de l'ordre de Saint-Jean de Jérusalem et de Malte, de Saint-Louis et de différents ordres étrangers; des généraux, un contre-amiral, un ambassadeur à Londres et à Vienne, un ministre plénipotentiaire, plusieurs colonels et officiers supérieurs, des premiers pages du roi et de la reine, un chevalier d'honneur de l'impératrice Joséphine, et des représentants de la noblesse aux états généraux.

Plusieurs de ses membres ont été tués à l'ennemi ou grièvement blessés au service de la France.

La maison Bonnin de la Bonninière de Beaumont a été maintenue dans sa noblesse par jugement de M. Voysin de la Noiraye, intendant de Touraine, du 3 mars 1669. Elle a été appelée plusieurs fois à faire ses preuves pour les pages, l'ordre de Malte, et enfin pour monter dans les carrosses du roi.

La famille Bonnin de la Bonninière de Beaumont a pour armes :

D'argent à une fleur de lys de gueules; un scel apposé par Pierre Bonnin, écuyer, seigneur des Châtelliers, au bas d'un aveu rendu par lui au seigneur de Maillé, en 1471, portait son écusson avec une fleur de lys. Devise : VIRTUTE · COMITE · SANGUINE. Couronne : de marquis. Supports : deux lions.

Avant de donner la filiation suivie, établie sur les titres que renferment les archives de la famille, il paraît utile de dire quelques mots sur un certain nombre de gentilshommes du nom de Bonnin ou Bonin qu'on ne peut rattacher avec certitude aux seigneurs des Châteliers en Touraine, mais qu'aucune raison cependant n'empêche de leur rapporter.

Tout d'abord on trouve au XIIe siècle un Hugues Bonnin, seigneur des Châteliers, qui, en 1160, siégeait au conseil des Barons à Poitiers; il paraît être le même qu'un Hugo Bonin, *miles,* 11e témoin de la donation faite par Hugues Meschin à l'abbaye Sainte-Croix de Poitiers, en 1190 [1].

Il est vraisemblablement la souche des Bonnin de Messignac et de Fraysseix, en Poitou et Bretagne, dont les armes actuelles sont : écartelé au 1er et 4e d'argent, à la croix ancrée de sable qui est de Messignac, au 2e et 3e d'azur à 3 fasces ondées d'or qui est de Fraysseix, et sur le tout d'argent à la fleur de lys de gueules qui est Bonnin [2].

Si, de ces armes si caractéristiques, nous rapprochions un souvenir personnel du marquis actuel Bonnin de Fraysseix, capitaine de vaisseau, auquel sa grand'mère avait toujours assuré que de temps immémorial les Bonnin de Fraysseix se considéraient comme de la même souche que les Bonnin de la Bonninière; si, d'autre part, on considère qu'avant de trouver les Bonnin aux Châteliers, qu'ils possèdent encore, nous rencontrons divers personnages de ce nom aux environs de Sainte-Maure, dans la direction et à mi-chemin du Poitou, il ne semblera pas étonnant de voir dans cette province le berceau primitif de la famille, et même de tracer l'exode qui conduisit une de ses branches au nord de la Loire.

C'est ici que nous devons mentionner Hugues Bonnin, lequel prit part

[1] Dom Fonteneau, V; et Beauchet-Filleau, *Dictionnaire historique et généalogique des familles du Poitou,* 2e édit., t. I, p. 619.

[2] Beauchet-Filleau, *loc. cit.,* t. I, pp. 620, 622.

à la 3e croisade, ainsi que plusieurs autres chevaliers tourangeaux ou poitevins, et contracta, sous la garantie de Guillaume de Sainte-Maure, un emprunt, ainsi qu'il résulte d'un acte passé au camp devant Acre, au mois de juin 1191. L'original de cet acte, appartenant à la famille du Pont-d'Oysonville, a été produit à la commission du sceau et des titres, et a donné lieu à l'admission de la famille Bonnin de la Bonninière et de son blason parmi ceux qui figurent dans la salle des croisades à Versailles.

On trouve ensuite Willelmus Bonin, *miles,* lequel fut témoin d'un accord entre Aimery de Frasnes et l'abbaye des Châteliers, en 1219 [1]. C'est vraisemblablement le même que Guillaume Bonin, chevalier, auquel Bochard de Marle, seigneur de Montreuil-Bonin, donna 100 sous de rente, en 1225 [2].

Petrus Bonini, *serviens,* et son fils Willelmus (probablement celui cité dans le paragraphe précédent) ,qui vivaient entre 1210 et 1224, sont rappelés dans le cartulaire de l'archevêché de Tours comme tenant noblement de l'archevêque le fief de Plaix, commune de Draché, non loin de Sainte-Maure [3].

Un autre Bonnin, dont le prénom ne nous est pas parvenu, est aussi rappelé comme ayant donné des terres à l'abbaye de Turpenay, près de Chinon, en mars 1250.

Une pièce conservée au chartrier du château de Beaumont-la-Ronce fait connaître noble homme messire Hugues Bonnin, chevalier, châtelain de Beaugency, lequel passa procuration, en date du dimanche après la Saint-Denys 1348, de faire pour lui et en son nom foi et hommage, jurer féauté envers messeigneurs les comtes de Namur, de Blois et de Vendôme.

Simon Bonnin rendit un aveu à l'abbesse de Sainte-Croix, le mardi avant la Fête-Dieu, pour les terres de la Bonninière et du Chilleau [4].

Beauchet-Filleau, dans ses savantes recherches sur les familles de l'ancien Poitou, mentionne, tant d'après les notes de dom Fonteneau que d'après les documents qu'il a personnellement puisés aux archives de la Vienne, un certain nombre de Bonnin isolés. Nous avons cité plus haut

[1] Dom Fonteneau; Beauchet-Filleau, *loc. cit.,* t. I, p. 619.

[2] Archives de la Vienne, abbaye de Sainte-Croix et Beauchet-Filleau, *ibid.*

[3] Louis de Grandmaison, *Cartulaire de l'archevêché de Tours,* t. II, pp. 169, 306.

[4] Archives de la Vienne, abbaye de Sainte-Croix, et Beauchet-Filleau, t. I, p. 619.

ceux qui nous paraissaient pouvoir être rattachés aux Bonnin, seigneurs des Châtelliers. Nous nous croyons également autorisés à rattacher à notre famille les Bonnin nommés dans le cartulaire de l'archevêché de Tours.

A partir du XIVe siècle, la généalogie de la maison Bonnin de la Bonnière de Beaumont se poursuit régulièrement et sans lacune; tous les titres ou actes la concernant se trouvent aux archives du château de Beaumont-la-Ronce, et ont été vérifiés et reconnus authentiques par le généalogiste Chérin.

MAISON

BONNIN DE LA BONNINIÈRE DE BEAUMONT

FILIATION DIRECTE

HUGUES BONIN

CHEVALIER CROISÉ. — 1191

« Ego, Willelmus de Sancta Maura, miles, universis præsentes litteras inspecturis, notum facio quod garrandiam quam pie memorie Hugo pater meus se laturum promiserat de mutuo centum marcharum argenti per Jacobum de Iota et eius socios, Piseos cives, karissimis meis amicis Willelmo de Bosaïo, Hugoni Bonini, Guberto Guberti et Rodolpho de Ponte traditiorum et per ipsos ad instans Paschæ reddentorum assumpsi sicut meam in loco prædicti patris mei, in hoc casu me substitui, obligans et bona mea ad solvendam dictam summam, si prædicti amici non solverent termino supradicto. Quod ut ratum sit presentes litteras sigillo meo sigillavi. Actum in castris juxta Accon anno Domini millesimo centesimo nonagesimo primo (1191). »

« Je, Guillaume de Sainte-Maure, chevalier, à tous ceux qui les présentes lettres verront, savoir fais, que la garantie que Hugues, mon père, de pieuse mémoire, avait promis porter lui-même, du prêt de cent marcs d'argent, livré par Jacques de Jota et ses associés, citoyens pisans, à mes très chers amis, Guillaume de Boussay, Hugues Bonin, Goubert Goubert et Rodolphe du Pont, et devant être rendus par eux au temps de Pasques, je l'ai prise comme mienne et au lieu et place de mon père prénommé; je me suis substitué dans cette affaire, m'obligeant, moi et mes biens, pour acquitter ladite somme, si mes amis précités ne la paient point eux-mêmes au terme marqué ci-dessus. Et afin que ceci soit ratifié, j'ai scellé de mon sceau les présentes lettres. Fait dans le camp, près d'Acre, l'an du Seigneur mil cent quatre-vingt-onze. »

Cette lettre porte un sceau de cire blanche avec un écu chargé de deux fasces.

Original aux archives du château du Bouchet, par Noyant (Maine-et-Loire), appartenant au marquis de Rilly d'Oysonville. Publié par Lainé, *Archives de la noblesse française*, t. X. Généalogie de la maison du Pont-d'Aubevoye (d'Oysonville). Cité par le vicomte Hervé de Broc, *Essai historique sur la noblesse de race*, pp. 67, 143 et 205.

HUGUES BONIN

1348

« Noble homme messire Hugues Bonin, chevalier, châtelain de Beaugency, passe procuration, sous le scel de la prévôté dudit lieu, devant Pe. Le Convers, le dimanche après la Saint-Denys (16 octobre 1348), à Jehan Daviau, Jehan La Belle le jeune, Guillot La Belle et Denis de Coulainnes, pour, en son nom, entrer en toutes ses besoignes, causes mehues, et à mouvoir, tant pour luy come contre luy, contre toute personne ecclésiastique et séculière, par devant touz juiges de Chrestianté, etc. Signé : Pe. Le Convers. »

Chartrier du château de Beaumont-la-Ronce. — Grosse originale en parchemin. Chérin, vol. 31. Dossier 632.

JEHAN BONIN

ÉCUYER. — 1390

Jehan Bonin, écuyer, est compris dans un compte rendu par maistre Philippe Gaubert, procureur en Dunois, receveur des exploits du bailliage de Dunois et de Fréteval, pour monseigneur le comte de Blois, depuis la Nativité de saint Jean-Baptiste 1388, jusqu'au jour de la Nativité de Notre-

Seigneur 1390, pour le rachat de la métairie de la Villefrélon et appartenances, tenu muement, de mon dit seigneur, à lui due à cause du mariage de la femme de feu Martin du Frézon avec ledit Bonin.

Chartrier du château de Beaumont-la-Ronce. — Original en parchemin. Et Chérin, vol. 31, dossier 632. Au dos de cette pièce se trouve une note en écriture du XVIIIe siècle, ainsi conçue : « Il y a dans le cabinet de Saint-Martin-des-Champs, à Paris, un titre original en parchemin, n° 334, 3me liasse, où Jehan Bonin est cité au nombre des écuyers qui accompagnèrent, en 1388, sous la bannière du comte de Sancerre, Jean, duc de Berry, fils du roi de France, dans la campagne d'Allemagne. »

GUILLAUME BONNIN

ÉCUYER. — 1397

Noble homme Guillaume Bonnin, escuyer, seigneur des Grands-Chastelliers, reçoit de Pierre de Bueil, chevalier, un aveu pour sa seigneurie des Petits-Chastelliers, en date du 8e jour de septembre 1397.

Aveu en parchemin. — Chartrier du château de Beaumont-la-Ronce.

Noble homme Guillaume Bonnin, escuyer, rend aveu, le 16 septembre 1403, pour sa seigneurie des Grands-Chastelliers, ayant droits de haute, moyenne et basse justice, à celle de Maillé.

Expédition en papier, délivrée par le commissaire à terrier de Luynes. — Chartrier de Beaumont-la-Ronce.

Noble homme Guillaume Bonnin, escuyer, seigneur des Chastelliers, reçoit d'Olivier Guerry un aveu pour le lieu de Guerry, en date du 7 juin 1446.

Extrait de Chérin, vol. 31, dossier 632.

Parmi les titres produits à la cour des aides pour Anne de la Bonnière, vers 1630, et qui émanait du chartrier de la famille, se trouvait le contrat de mariage de Guillaume Bonnin avec demoiselle Anne de Maillé ; ledit contrat passé devant Poulet, notaire de la châtellenie de Tours, en date du 20 novembre 1405, était énoncé dans l'inventaire de ces titres, et Pierre Bonnin qui suit, y est désigné comme fils de Guillaume Bonnin et d'Anne de Maillé.

PIERRE BONNIN DE LA BONNINIÈRE[1]

ÉCUYER. — 1450

Pierre Bonnin, écuyer, seigneur des Châteliers, épousa, par contrat passé à Tours, sous le scel de la cour temporelle de Mgr le trésorier de l'église Saint-Martin, à Tours, le dernier jour d'août 1459, devant P. Gorgeart, notaire, Catherine Le Bruyend, fille de noble homme Hugues Le Bruyend, seigneur du Plessis-Regnaut, et de Jacquette Peignée, damoiselle. Ladite damoiselle fut assistée desdits seigneur et dame, ses père et mère, qui lui constituèrent en dot la somme de 400 écus d'or, et promirent de la vêtir suivant son cas et état. Cet acte passé en présence de Raymonnet Raiolle, seigneur d'Avantigny, Pierre Le Noir et Pierre Lailler, écuyers[2].

Chartrier de Beaumont. — Grosse originale en parchemin.

Dans les aveux ou déclarations reçus par Pierre Bonnin, et qui sont conservés au chartrier de Beaumont, nous citerons :

1° Une déclaration de Genest Lenoustre à noble homme Pierre Bonnin, seigneur des Châteliers, en date du 16 janvier 1450;

2° Une déclaration de Guillaume Pinson, en date du 30 août 1451 ;

3° Une déclaration de Richard d'Auxerre, en 1460;

4° Noble Pierre Bonnin, écuyer, seigneur des Chastelliers, en la paroisse de Beaumont-la-Ronce, en Touraine, donna à noble Pierre Hamart, son frère puîné, écuyer, seigneur de la Boyvinière, en la même paroisse, en faveur de son mariage avec damoiselle Marie de Villiers, fille de noble Robert de Villiers, écuyer, seigneur de l'Auberdière, en la paroisse de Bocé, et de damoiselle Jeanne Soullaye, sa femme, une rente de blé sur le lieu et domaine des Mortiers, en ladite paroisse de Beaumont, par contrat passé sous le scel de la cour de Beaugé, le 12 août 1462.

Original parchemin aux archives du château du Bouchet, au marquis de Rilly d'Oysonville. — Analysé par Dom Villevieille, *Trésor généalogique* (manuscrit), t. XVI, f° 80, r° v°, *Bonnin*. Bibl. nat., Cab. des titres, vol. rel. 117.

[1] Dans le contrat de son fils Guérin qui suit, Pierre Bonnin prend le nom de la Bonninière, ainsi que le dit Guérin qu'il marie comme aîné et présomptif héritier.

[2] Jacquette Peignée, dont le vrai nom est Paigné, souvent écrit aussi Peigné, appartenait à une très ancienne famille du Maine, qui s'est alliée aux Salviati, Musset, d'Anthenaise et Vimeur de Rochambeau.

5° Une déclaration du 6 avril après Pâques 1464;

6° Un aveu rendu par Pierre Bonnin, écuyer, de la seigneurie des Châteliers à celle de Maillé, en date du 1er janvier 1471, signée dudit Pierre Bonnin et scellée du scel de ses armes, qui portaient un écusson avec une fleur de lys, timbré d'un casque surmonté d'une tête d'aigle;

7° Une déclaration de Pierre Brisset, du 14 janvier 1481;

8° Un contrat d'acquêt fait par Pierre Bonnin, écuyer, seigneur des Châteliers, et damoiselle Catherine Bruyend, son épouse, en date du 22 avril 1487;

9° Une déclaration de Jean Rousseau, du 3 juillet 1489;

10° Une autre de Pierre Gibaut, du 6 juillet 1489;

11° Un aveu rendu par Pierre Bonnin à la seigneurie de Maillé, avec procuration donnée par lui à Guérin de la Bonninière, écuyer, son fils, pour rendre le dit aveu en son lieu et place, en date du 1er mars 1492.

Du mariage de Pierre Bonnin de la Bonninière avec Catherine Le Bruyend sont issus :

1° *Guérin,* qui suit :

2° *Abel,* seigneur de Beauvais, mort sans postérité.

GUÉRIN DE LA BONNINIÈRE

ÉCUYER. — 1494

Contrat du mariage de Guérin de la Bonninière, écuyer, seigneur des Châteliers, qui épouse, le 28 octobre 1494, damoiselle Perrette de Montplacé, fille de Jehan de Montplacé, écuyer, seigneur dudit lieu, et de damoiselle Anne Liziart. Le dit contrat passé devant Royer, notaire en la cour royale de Beaugé. Ils furent assistés, savoir : Ledit seigneur futur époux desdits seigneur et dame ses père et mère, qui le reconnurent pour leur fils aîné et principal héritier; et la dite damoiselle future épouse des dits seigneur et dame ses père et mère, qui, en faveur de ce même contrat, lui firent donation de la terre, domaines et seigneurie de Gaudelain, assise en la paroisse de Mayet, au comté du Maine, avec toutes ses appartenances et dépendances, et la somme de 400 livres tournois. Les témoins furent noble homme Robert de Lestrelay, seigneur de Mons; Pierre du Plessis; messire Pierre Bodiau; Michel du Port.

Chartrier de Beaumont-la-Ronce. — Grosse en parchemin.

Parmi les actes ou déclarations conservés au château de Beaumont et relatives à Guérin de la Bonninière, nous citerons :

1° Une déclaration de la veuve Pitroye, en 1508.

Chartrier.

2° Une autre déclaration de Pierre Lenostre, du 4 décembre 1508.

Chartrier.

3° Une autre déclaration de Jeanne, veuve de Guillaume Pigou, du 1er juillet 1510.

Chartrier.

4° Une déclaration de Michau Thierry, de 1510.

Chartrier.

5° Une reconnaissance de Jean Regnier, Olivier Regnier, Martin Lymosin, tuteur de Blaize, son fils, Gervaise Beaugendre et Pasquier Henry, passée le 14 juin 1524, devant maîtres Gardette et Gaude, notaires, à cause de leurs femmes, pour raison de diverses pièces de terre à eux échues par la mort de la veuve Regnier, leur mère;

Chartrier.

6° Noble et puissant Guérin de la Bonninière, écuyer, seigneur des Châteliers, partagea avec Abel de la Bonninière, écuyer, seigneur de Beauvais, son frère puîné, par acte passé à Tours, le 26 juin 1525, devant Martin Gardette, notaire du roi, établi en la châtellenie de Beaumont-la-Ronce, les biens provenant de la succession de leurs père et mère. Par cet acte ledit Guérin donna à Abel son frère, pour son droit de partage en ladite succession, trente arpens de terre avec maison séant dedans, appelée les Prévotières, moyennant quoi Abel renonça à toute autre demande sur le total de ladite succession.

Chartrier.

7° Noble homme monseigneur Guérin de la Bonninière, seigneur des Châteliers, reçut une reconnaissance, le 16 juillet 1527, passée devant Lhuillier et Gaude, notaires, d'une pièce de terre contenant quatre arpens ou environ, joignant au chemin tendant de Fontenailles à Tours, et, d'autre part, au chemin tendant de Neufvis à Beaumont-de-la-Ronce, et appartenant à Florimond Guerry, demeurant à Tours, et par lui tenu dudit seigneur, à cause de son fief des Châteliers.

Chartrier.

8° Noble homme Guérin de la Bonninière, écuyer, seigneur des Châteliers, reçut une reconnaissance, passée le 23 janvier 1532, devant Gaude et Badoireau, notaires, de Martine, veuve de Guillaume Le Nostre, de deux arpens de terre ou environ, qu'elle avait acquis de Geoffroy Boulay, et de diverses parties de rentes qu'elle tenait dudit seigneur, à cause de sa seigneurie des Châteliers.

Chartrier.

Du mariage de Guérin de la Bonninière avec Perrette de Montplacé sont issus :

1° *Jacques*, qui suit;

2° *Ysabeau*, mariée à noble homme François Le Boucher, écuyer, seigneur du Ponceau.

JACQUES DE LA BONNINIÈRE

ÉCUYER. — 1522

Noble homme Jacques de la Bonninière, écuyer, seigneur des Châtelliers, épousa, par contrat passé le 2 mars 1522, devant G. Louteau, notaire et tabellion juré du scel establi aux contrats des bailliages et châtellenies de Chaumont, noble damoiselle Olyve Louau, fille de feu noble homme Jehan Louau, seigneur de la Cour-de-Meufves[1], et de noble damoiselle Mathurine de Sangon. Ils furent assistés, savoir : ledit seigneur futur époux du seigneur son père, Guérin de la Bonninière, qui le reconnaît pour son fils aîné et principal héritier, et promet, dans le cas où noble damoiselle Pérette de Montplacé, sa femme, viendrait à décéder avant lui, et qu'il vînt à convoler en secondes noces, de payer aux dits futurs époux autant de rentes qu'il en est assigné à la dite future; et la même damoiselle future épouse assistée de ladite Mathurine de Sangon, sa mère, veuve de Jehan Louau, qui lui constitue en dot la somme de 2 500 livres tournois, moyennant laquelle ladite damoiselle renonça, au profit de ladite dame sa mère, aux successions du feu seigneur son père, de celle de noble homme Mathurin Louau, chanoine de l'église d'Orléans, et autres collatérales, et à la sienne, au profit de ses frères.

Chartrier. — Grosse.

Damoiselle Olive Louau reçut la donation que lui fit noble homme Abel de la Bonninière, écuyer, seigneur de Beauvais, par acte passé à Tours, le 7 septembre 1537, sous le scel de la cour du Chastel-du-Bois, devant Deville, notaire, du dit lieu de Beauvais, consistant en maison, grange, étable, vigne, bois tailli, jardin, terres labourables et non labourables, prés, pâtures, et généralement avec toutes ses appartenances et dépendances, en rémunération des bons et agréables services qu'il en avait reçus et espérait en recevoir dans la suite, à la charge de le nourrir, entre-

[1] La famille Louau possédait la Cour-de-Meufves, en Blésois, et était alliée aux familles de Masselon, de Campo-Basso, d'Argy, de Sorbier.

tenir, vestir et chauffer sa vie durant; de faire exécuter son testament qu'il avait fait ledit jour devant ledit notaire, de faire accomplir le chausseau de la chapelle dudit lieu de Beauvais, la faire bénir, et y fonder deux messes par semaine pour ses parents et amis trépassés.

Chartrier. — Grosse en parchemin.

Damoiselle Olive Louau fut nommée curatrice de noble homme Jacques de la Bonninière, son époux, devenu incapable de gérer ses biens.

Damoiselle Olive Louau, femme et curatrice de noble homme Jacques de la Bonninière, unie à Me Martin Gardète, curateur dudit Jacques, obtint une sentence du bailliage de Tours, le 4 novembre 1539, contre noble homme François Le Boucher, et damoiselle Ysabeau de la Bonninière, sœur dudit Jacques, demandeurs en partage de la succession de feu Abel de la Bonninière, seigneur de Beauvais, leur oncle, dans le préambule de laquelle il est dit : que Pierre de la Bonninière, seigneur des Chastelliers, avait eu plusieurs enfants, entre autres Guérin de la Bonninière, son fils aîné, et ledit Abel; qu'après le décès dudit Pierre, Guérin partagea ses frères et sœurs puînés, notamment ledit Abel; que de Guérin étaient issus Jacques et Ysabeau, qu'eux et leurs prédécesseurs étaient nobles, et extraits de noble et ancienne lignée, desquels faits lesdites parties étaient convenues; que ledit Abel, étant mort sans enfants, avait laissé pour ses héritiers Jacques et Ysabeau; que sur la sommation faite par ledit Le Boucher et sa femme, aux curateurs dudit Jacques, de leur donner partage dans la succession dudit Abel, lesdits curateurs s'y étaient opposés, alléguant que, suivant la coutume du pays et duché de Touraine, les successions de puînés ou issus de puînés qui avaient eu leurs partages divisés et étaient morts sans enfants revenaient à la table de l'aîné. Par cette sentence, l'opposition faite par lesdits curateurs dudit Jacques fut déclarée à bonne et juste cause, et lesdits Le Boucher et sa femme déboutés de leur demande.

Chartrier. — Original en parchemin.

Damoiselle Olive Louau, femme et curatrice de noble homme Jacques de la Bonninière, écuyer, seigneur des Châtelliers, transigea, par acte passé le 13 novembre 1545, devant Martin Gardette, notaire à Tours, avec nobles personnes François Le Boucher, écuyer, seigneur du Ponceau, et damoiselle Ysabeau de la Bonninière, son épouse, au sujet de la succession de feu Guérin de la Bonninière et de damoiselle Pérette de Montplacé, père et mère desdits Jacques et Ysabeau, pour laquelle ils étaient en procès devant le bailli de Touraine. Par cette transaction, ladite damoiselle Olive Louau, en sa qualité de tutrice, abandonna auxdits Le Boucher et sa femme la terre, seigneurie, domaine et métairie de Gaudelain, avec toutes ses appartenances et dépendances, pour tous les droits de ladite Ysabeau dans la susdite succession.

Chartrier. — Original.

Du mariage de Jacques de la Bonninière avec Olive Louau sont issus :

1° Jean, qui suit :

2° Guyonne, mariée à noble homme Philippe Ronsard, écuyer, seigneur de Beaumont-la-Ronce, né en 1535, baptisé la même année, en l'église de Beaumont-la-Ronce.

JEHAN DE LA BONNINIÈRE

ÉCUYER. — NÉ EN 1537

Jehan de la Bonninière, écuyer, seigneur des Châtelliers, né en 1537, eut pour parrains : noble personne René Morin, seigneur de la Vallière, et René de Toury, seigneur des Bournaix. La marraine fut Jehanne du Rénier, femme de Guy de Fromentières, seigneur de Beaumont-la-Ronce. Il épousa damoiselle Marie de Savary [1], fille unique et héritière de Jacques de Savary [2], écuyer, seigneur du Fresne-Savary, et de damoiselle Ysabeau de Fromentières. Le contrat fut passé au Fresne, devant Breteau, notaire à Beaumont-la-Chartre, le 14 juin 1563. Il est signé par Olive Louau, mère de Jehan de la Bonninière; Michel Louau, écuyer, seigneur de la Cour, son oncle maternel; Philippe Ronsard, seigneur de Beaumont-la-Ronce, et Guyonne de la Bonninière, son épouse; par Ysabeau de Fromentières [3], mère de Marie de Savary; Jehan de Fromentières, écuyer, seigneur de Meslay, du Fay et de la Grapperie, etc., maître d'hôtel ordinaire de Mgr le cardinal de Bour-

[1] Marie de Savary descendait de noble homme Jehan Savary, seigneur du Fresne-Savary, en la paroisse de Beaumont-la-Chartre, qui vivait vers 1300, et avait pour femme Jehanne de Souvray (alias Souvré). Le maréchal de Souvré appartenait à cette famille.

[2] Jacques de Savary, écuyer, seigneur du Fresnes-Savary, et damoiselle Ysabeau de Fromentières, sa femme, donnèrent procuration par acte du 19 janvier 1545, reçu par Gayen et Trouvé, notaires au Châtelet de Paris, à damoiselle de la Chasteigneraie, dame de la Grand-Fosse et de Fay, pour plaider ou appointer des successions de feu révérend Père en Dieu Miles d'Illiers, évêque de Chartres, et de dame Agnès d'Illiers, dont ladite Ysabeau de Fromentières était héritière en partie, par représentation de noble homme André de Fromentières, seigneur de Meslay et de Fay, son père.

[3] Ysabeau de Fromentières comptait parmi ses aïeux, dans la ligne maternelle, les familles d'Aloigny, d'Averton, des Barres, de Mathefelon, de Courcillon, de Montaillé, etc.

bon; de damoiselle Loyse de Fromentières, veuve de Jehan de Maillé, écuyer, seigneur de Ruillé, tante de Marie de Savary, et enfin de René de la Chasteigneraie, écuyer, seigneur de l'Auberdière.

Par cet acte, Marie de Savary est mariée avec tous ses droits à la succession de son père et de son neveu, fils de son frère.

Chartrier. — Grosse en parchemin.

Jehan mourut avant 1595. Marie de Savary, sa veuve, se remaria avec Anthoine de Chapuiset, écuyer, seigneur de la Fosse et les Coupes.

Marie de Savary, veuve pour la seconde fois, transigea, de concert avec Jehan de Chapuizet, écuyer, seigneur de la Fosse, son fils du second lit, demeurant en son châtel et maison seigneuriale de Montreuil-le-Henry, par acte passé en la cour de Vendôme, à Montoire, le 15 avril 1603, devant Jean Harouard, notaire de ladite cour, avec Loys de la Bonninière, écuyer, seigneur des Châtelliers; Gilbert de Hervault-Bussy, écuyer, seigneur de la Preslerie, mari de damoiselle Anthoynette de la Bonninière; Anne Le Conte, écuyer, seigneur du Couldrais, mari de damoiselle Renée de la Bonninière, ses enfants du premier lit; en présence de messire François de Racine, chevalier, seigneur de la Villegomblet; messire Marin de Vanssay, chevalier, seigneur des Barrès, de Conflans, etc.; de François de Salmon, écuyer, seigneur du Châtelier.

Les enfants nés du mariage de Jehan de la Bonninière et de Marie de Savary furent :

1° *Louis,* qui suit;

2° Anthoynette, mariée à Gilbert de Hervault-Bussy, écuyer, seigneur de la Preslerie;

3° Renée, mariée en premières noces avec Anne Le Conte, écuyer, seigneur des Couldrais, et en deuxièmes noces avec Jehan de l'Estrelay, écuyer, seigneur de la Cousture.

Extraits des preuves pour Claude-Guillaume de la Bonninière, seigneur de Beaumont-la-Ronce, 1er page du roi Louis XIV en sa grande écurie, en 1689.

LOUIS DE LA BONNINIÈRE

ÉCUYER, PUIS CHEVALIER. — 1595

Loys de la Bonninière, écuyer, seigneur des Châtelliers, épousa, par contrat passé à Blois, le 29 janvier 1595, devant Pierre Jamet, notaire et tabellion royal de ladite ville, damoiselle Françoise Gallois, fille de feu noble homme Pierre Gallois, seigneur de Bezay et de Villerougneux, et de défunte damoiselle Marie Amanjon [1]. Ledit seigneur fut assisté de damoiselle Marie de Savary, sa mère, représentée par Gilbert de Hervault-Bussy, écuyer, seigneur de la Preslerie, son beau-frère, et fondé de pouvoir de ladite Marie de Savary, veuve d'Anthoyne de Chapuiset; Jehan de Chapuiset, écuyer, seigneur de la Richardière, son frère de mère; Christophe d'Argy, écuyer, seigneur de la Court, son cousin; Gille Ronsart, écuyer, seigneur de Glatigny, également son cousin, et Paul de Guefron, écuyer, seigneur de Brizay.

Ladite damoiselle future épouse assistée par noble homme Jehan Courtin, seigneur de Nanteuil, son beau-frère et curateur, époux de damoiselle Marie Gallois, sa sœur; Pierre Gallois, écuyer, seigneur de Bezay et de Villerougneux, et Lancelot Gallois, ses frères; François de Juston, écuyer, seigneur de la Fosse; Matthieu de Juston, écuyer, seigneur de Beton, ses cousins germains; messire François de Rassine, chevalier, seigneur de Villegoublin, gouverneur et bailli de Blois, et dame Jehanne d'Amilly, son épouse; noble Jehan de la Saussaye, seigneur de Larabois, conseiller du roi, et conseiller maître en sa chambre des comptes, et dame Jehanne Allard, son épouse; Marie de Rochebouët, veuve de Pierre de la Saussaye, écuyer, seigneur des Vaux; damoiselle Marie Allard, veuve de Florent de Basdelar, écuyer, enseigne des gardes de Monseigneur, frère du roi dernier décédé; Ester Allard, veuve d'Octavien de Juston, écuyer, seigneur de Villaumay (ses cousins et cousines germains); damoiselle Marie d'Argouges, veuve d'Euzèbe du Pré, écuyer, seigneur de la Maisonfort; dame Jeanne de la Beausse, veuve d'Estienne Coëffier, conseiller du roi; noble homme Michel Filleul, seigneur de Gast, conseiller et secrétaire du roi, maison couronne de France; dame Anne Courtin, veuve de Nicolas Compaing, chevalier, seigneur de Fresnay et de Villette, chancelier de Navarre; Jacqueline Poisson, femme de messire Jacques Viart, seigneur de la Court-au-Ray et de Villebazin, conseiller du roi en son conseil privé et conseiller d'État (cousins et cousines).

Grosse en parchemin, signée dudit notaire.

Louis de la Bonninière, écuyer, seigneur des Châtelliers, demeurant audit lieu, paroisse de Beaumont-la-Ronce, partagea, par acte passé audit lieu seigneurial des Châtelliers, le 4 décembre 1595, devant Guilloys, notaire à Tours, avec Gilbert de Hervault-Bussy, écuyer, seigneur de la Preslerie, demeurant en la paroisse des Essarts, pays de Vendômois; damoiselle Antoinette de la Bonninière, son épouse, et damoiselle Renée

[1] La famille Amanjon, de l'Orléanais, était fort ancienne et bien alliée. Marie Amanjon était tante de Nicolas de Vassan, seigneur de Puizieux, vicomte d'Aubilly, maître d'hôtel du roi, gouverneur de Pont-à-Mousson.

de la Bonninière, usant de ses droits, ses sœurs, les biens provenant de la succession de défunt Jehan de la Bonninière, leur père. Par ce partage, ledit Louis eut pour sa part dans lesdits biens le lieu, terre et seigneurie des Châtelliers, avec toutes ses appartenances et dépendances.

Grosse en parchemin, délivrée le 21 décembre 1612 par Dubreuil, notaire royal.

Louis de la Bonninière, écuyer, seigneur des Châtelliers, transigea, par acte passé à Montoire, le 15 avril 1603, devant Jehan Harouard, notaire en la cour de Vendôme, avec damoiselle Marie de Savary, sa mère, veuve en secondes noces d'Anthoyne de Chapuiset; Jehan de Chapuiset, écuyer, seigneur de la Fosse, son frère de mère; Gilbert de Hervault-Bussy, écuyer, seigneur de la Preslerie, mari de damoiselle Anthoinette de la Bonninière, et Anne Le Conte, écuyer, seigneur des Couldrays, mari de damoiselle Renée de la Bonninière, demeurant au lieu des Landes, paroisse de Montoire. Par cet acte, Louis conserva en totalité la seigneurie des Châtelliers, et ses puînés eurent d'autres terres et métairies.

Grosse, signée dudit notaire.

Dans un acte de 1603, extrait des registres de l'état civil de Beaumont-la-Ronce, Louis de la Bonninière est qualifié seigneur de la Ronce.

Damoiselle Françoise de Galloys [1], veuve de Louis de la Bonninière, chevalier, seigneur des Châtelliers, fit une cession, par acte passé audit lieu des Châtelliers, le 13 février 1629, devant Michel Dubreuil, notaire royal à Tours, à Anne de la Bonninière, écuyer, seigneur des Châtelliers, son fils, de tous ses droits, noms, raisons et actions, douaires, deniers dotaux, meubles, acquêts et conquêts, qu'elle pouvait prétendre sur les terres des Châtelliers et du Fresne-Savary; toutes les prétentions qu'elle pouvait avoir sur la succession de défunt Louis de la Bonninière, son mari, et sur celle de défunte damoiselle Magdeleine Aublin, femme du sieur de Cruzay, moyennant laquelle cession ledit sieur de la Bonninière promit de bailler à chacun de ses puînés la somme de 3 000 livres tournois, en outre de celle de 4 000 livres qu'ils avaient déjà reçue. Cet acte passé en présence de Jacques Hervault, écuyer, seigneur de la Preslerie et du Plessis, cousin germain desdites parties.

Grosse en parchemin, signée dudit notaire.

[1] La famille de Gallois, très anciennement établie au Vendômois, est alliée aux meilleures familles du Maine et de Touraine : de Courtin, de Foyal, de Maulne, de Bretagne, de Compaing, du Bois, d'Argouges, Coëffier, Viart, du Bellay, etc. Elle a produit un gentilhomme ordinaire de la maison du roi, et de nos jours le contre-amiral de Gallois.

Pierre de Gallois, seigneur de Bezé, et Jean, son frère, cellérier de la célèbre abbaye de la Trinité, à Vendôme, y firent construire à leurs frais la chapelle des Fonts, qu'ils décorèrent d'un grand vitrail représentant la résurrection de Lazare.

Damoiselle Françoise de Galloys, veuve de Louis de la Bonninière, chevalier, seigneur des Châtelliers, du Fresne-Savary et de Rorthre, enseigne de la compagnie des gendarmes de monseigneur le maréchal de Fervaques, assista au contrat de mariage de damoiselle Françoise de la Bonninière, sa fille, avec Laurent Adam, seigneur de la Roche-du-Pont, en Anjou, l'un des cent gentilshommes de la maison du roi, le 4 octobre 1629.

Contrat original au Chartrier.

De ce mariage sont issus :

1° Anne, qui suit;

2° Françoise, mariée à Laurent Adam;

3° Louise, mariée : 1° à Jacques de Lestrelay; 2° à René Deschelles, seigneur du Pally et des Gastinières;

4° Jehan, seigneur de Beauvais, qui assista au premier mariage de son frère Anne, en 1629;

5° Marie, morte sans alliance;

6° Isabelle, morte sans alliance;

7° Louis, mort sans alliance.

ANNE DE LA BONNINIÈRE

ÉCUYER, PUIS CHEVALIER. — 1601-1689

Anne de la Bonninière naquit en 1601. Il fut baptisé le 11 novembre 1602, en l'église de Beaumont-la-Ronce; il eut pour parrain Anne Le Conte, seigneur des Couldrais, et pour marraine dame Marie de Verdun, épouse de messire Pierre Moland, conseiller du roi, seigneur de Saint-Ouën, près Amboise, du Bois et de Fontenailles.

État civil de la paroisse de Beaumont-la-Ronce.

Anne de la Bonninière, écuyer, seigneur des Châtelliers, reçut la cession que lui fit de tous ses biens Françoise de Gallois, sa mère, le 13 février 1629, par acte passé devant Michel Dubreuil, notaire à Beaumont-la-Ronce.

Chartrier. — Grosse en parchemin, signée dudit notaire.

Anne de la Bonninière, écuyer, seigneur des Haut et Bas-Châtelliers, du Fresne-Savary et de Rorthre, fils aîné et principal héritier de défunt messire Louis de la Bonninière, vivant, chevalier, seigneur des Châtelliers et desdites terres et seigneuries, enseigne de la compagnie des gens d'armes de monseigneur le maréchal de Fervaques, demeurant au lieu seigneurial des Châtelliers, paroisse de Beaumont-la-Ronce, épousa par contrat passé au bourg de Bueil, le 6 mai 1629, devant Michel Gleteraye, notaire royal en Touraine, résidant audit bourg de Bueil, damoiselle Anne de Tresvault, fille de Claude de Tresvault, écuyer, seigneur de la Collinière, conseiller, secrétaire ordinaire de Monsieur, frère du roi, et de défunte Jehanne Bodineau.

Ils furent assistés, savoir : Ledit seigneur des Châtelliers de dame Françoise de Gallois, sa mère; Jehan de la Bonninière, écuyer, seigneur de Beauvais, son frère; messire Jehan de Mellet, chevalier, seigneur de Fresté, lieutenant pour le roi du gouvernement de la ville et château de Vendôme; messire Jehan de Chapuiset, chevalier, seigneur de la Fosse et de Montreuil; Jacques d'Hervault, écuyer, seigneur de la Preslerie et du Plessis; Louis de Fonsac, écuyer, seigneur du Mesnil; Jehan de l'Estrelay, écuyer, seigneur de la Couture, et damoiselle Renée de la Bonninière, son épouse; Pierre Gallois, écuyer, seigneur de Bezé; Jehan Courtin, écuyer, seigneur de Nanteuil, et Louis Courtin, ses proches parents; et la demoiselle future épouse dudit seigneur de la Collinière, son père; noble homme Pierre Bodineau, conseiller au siège royal de Beaugé; Nicolas de Roannet, écuyer, conseiller du roi, lieutenant général, et Lancelotte de la Barre, son épouse; François d'Espinay, écuyer, seigneur de Parigné; René Fain, écuyer, conseiller du roi, trésorier général de France, en la généralité de Tours; Pierre Huet, écuyer, seigneur d'Artigny, gouverneur de la ville et château de Château-du-Loir, aussi ses proches parents.

Dans ce contrat, le seigneur de la Collinière constitua à sa fille, en avancement de droits successifs paternels à échoir, et maternels échus, la somme de 10 000 livres tournois.

Chartrier. — Grosse en parchemin, signée dudit notaire.

Anne de la Bonninière, veuf d'Anne de Tresvault, épousa en deuxièmes noces Anne de Moulins-Rochefort, dont il eut un fils nommé Honorat, né et baptisé en 1636, en l'église de Beaumont-la-Ronce, et qui eut pour parrain messire Honorat de Bueil, chevalier, seigneur baron de Fontaine, le Chastel-du-Bois, Valaine, la Roche-Racan et autres lieux. Il eut pour marraine sa grand'tante paternelle, damoiselle Renée de la Bonninière, veuve de Jehan de l'Estrelay, écuyer, seigneur de la Couture. Le poète Racan assistait à la cérémonie.

Le 16 avril 1650, Honorat de la Bonninière reçut la tonsure des mains de Mgr Le Bouthillier de Rancé, archevêque de Tours. Il mourut peu après.

Registres d'ordinations. — Archives de l'archevêché de Tours.

Anne de la Bonninière, chevalier, seigneur dés Châtelliers, veuf pour la seconde fois par suite de la mort d'Anne de Moulins-Rochefort, épousa en troisièmes noces, de l'avis et consentement de haut et puissant seigneur messire Roger de Gast, chevalier, marquis du Goger (Montgoger), et de haute et puissante dame madame de Carvoisin, son épouse, par contrat passé en la maison seigneuriale de Vauguérin, le 19 août 1642, devant Pelletier, notaire royal de la baronnie de l'Isle-Bouchard, damoiselle Catherine Odart, demeurant au lieu de Vauguérin, paroisse de Trogues.

Ladite damoiselle assistée de messire Claude Odart, chevalier, seigneur de la Fuye et de Vauguérin, son frère; messire Henry de Thienne, chevalier, seigneur du Châtelier, son cousin germain; messire Gabriel de Gébrat, chevalier, seigneur de Noyans; messire Léonard Barjot, chevalier, seigneur de Barjot et de Rouvre; messire François de la Chétardie, chevalier, seigneur de Paméan, ses parents.

Chartrier. — Grosse en parchemin, signée dudit notaire.

Anne de la Bonninière, chevalier, seigneur des Châtelliers et des châtellenies du Fresne-Savary et de Rorthre, demeurant paroisse de Beaumont-la-Ronce, élection de Tours, fut confirmé dans sa noblesse par jugement du 3 mars 1669, rendu sur titres produits par lui, par M. Voysin, chevalier, seigneur de la Noiraye, intendant de la généralité de Touraine, conseiller du roi, maître des requêtes, commissaire départi par Sa Majesté, ès provinces de Touraine, Anjou et Maine.

Chartrier. — Original en papier.

Messire Anne de la Bonninière, chevalier, seigneur des Châtelliers et autres lieux, et dame Catherine Odart, son épouse, assistèrent au contrat de mariage de Bonne de la Bonninière, leur fille, avec Paul de Taillevis, chevalier, seigneur de Jupeaux, le 20 juillet 1665.

Anne de la Bonninière décéda en sa seigneurie du Fresne-Savary, le 4 décembre 1689, à l'âge de quatre-vingt-sept ans, et fut, suivant sa volonté, enterré dans l'église de Rorthre. Il y fut conduit processionnellement par MM. les curés des Pins, de Chemillé, de Villedieu; par M. Fresneau, prêtre, demeurant à la Chartre; par M. le prieur d'Épeigné, par M. le curé de Marcé, plusieurs autres prêtres, et par des personnes de qualité.

État civil de la paroisse de Beaumont-la-Chartre (Sarthe).

Du mariage d'Anne de la Bonninière et de Catherine Odart il y eut huit enfants, à savoir :

1° Claude, qui suit, né en 1643;

2° Loys;

3° Catherine, née en 1648;

4° Anne-Marie, seigneur d'Argouges, paroisse de Reugny en Touraine, né en 1649, épousa, le 23 octobre 1690, damoiselle Françoise de Berziau, fille de Guillaume de Berziau, chevalier, seigneur des Haies. De ce mariage est issu Claude II de la Bonninière, seigneur d'Argouges, dont la postérité est inconnue ;

5° Jacques-Abel, né en 1650;

6° Bonne (vers 1651), épouse de Paul de Taillevis, chevalier, seigneur de Jupeaux;

7° Esme (1652), officier aux dragons de Dauphiné, tué en 1673, au siège de Maëstricht;

8° Étienne (1655), chevalier des Châtelliers, seigneur des Fontaines, décédé au Fresne, à l'âge de trente et un ans, le 20 février 1686, et inhumé dans l'église de Beaumont-la-Chartre.

CLAUDE DE LA BONNINIÈRE

CHEVALIER. — 1643-1707

Claude de la Bonninière, chevalier, fils d'Anne de la Bonninière et de Catherine Odart, naquit le 7 mai 1643, et fut baptisé à Beaumont-la-Ronce, en 1651. Il eut pour parrain Claude Odart, seigneur de la Fuye, et pour marraine haute et puissante dame Catherine de Mars, marquise de Lucé, épouse de haut et puissant seigneur Charles de Gast, chevalier, marquis de Montgauger, seigneur de Fontenailles, Louestaut, etc. Il fut enseigne au régiment de Navarre.

Damoiselle Anne du Bois fit transaction et partage de la succession de son père avec MM. de Courceriers, de Champagnette et de Bellemare, par acte du 1er avril 1667.

Chartrier.

Claude de la Bonninière, chevalier, épousa, par acte passé le 1er juillet 1669, devant Vincent, notaire à Saint-Thomas-de-Courceriers, province du Maine, damoiselle Anne du Bois, fille de messire Guillaume du Bois, chevalier, seigneur des Bordeaux, de Longué, de Laval-Péan, du Plessis-le-Château, d'Igé et de Courceriers, et de dame Nicole du Plessis-Châtillon. Le contrat n'est signé du côté du futur que par ses père et mère.

Du côté de la future le contrat est signé par sa mère, alors veuve ; André du Bois, chevalier, seigneur des Bordeaux, Courceriers, etc., conseiller du roi en son grand conseil, et de Marie de la Porte, son épouse, frère et belle-sœur; de Charles Gallois-Labbé, chevalier, seigneur de

Champagnette, et dame Renée du Bois, beau-frère et sœur; de Pierre de Carey, seigneur de Bellemare, et Marie du Bois, son épouse, beau-frère et sœur; de René de Couterne, chevalier, seigneur de la Barre, du Horp et de Maquillé, cousin, et dame Anne de Moulins, sa femme.

Chartrier.

Claude de la Bonninière, chevalier, seigneur du Fresne-Savary, des Châtelliers et de la terre et châtellenie de Beaumont-la-Ronce, rendit hommage, par acte passé le 10 juillet 1692, devant François Moreau, avocat au parlement, bailli et juge ordinaire civil et criminel du duché et pairie de Luynes, au duc de Luynes, pour raison de la châtellenie de Beaumont-la-Ronce.

Chartrier. — Original en parchemin, signé Monmousseau.

Claude fut exempté du service du ban, le 7 mars 1692.

Chartrier.

Claude de la Bonninière, chevalier, seigneur de Beaumont-la-Ronce, les Châtelliers, le Fresne-Savary, Rorthre et autres terres et seigneuries, représenté par messire Claude-Guillaume de la Bonninière, son fils aîné, rendit hommage au duc de Luynes, par acte passé le 20 octobre 1699, devant Charles de Beaulieu, seigneur de Larçay, avocat en parlement, bailli, juge ordinaire, civil et criminel du duché-pairie de Luynes, pour raison de la terre et seigneurie des Châtelliers, relevant dudit seigneur duc, à cause de son château de Luynes.

Chartrier. — Original, signé Monmousseau.

Claude de la Bonninière, déjà seigneur d'une partie notable de la terre de Beaumont-la-Ronce, entrée par suite de mariages successifs dans sa famille, la seigneurie des Châtelliers étant d'ailleurs limitrophe, se rendit acquéreur du surplus au moment de la vente sur saisie faite au profit des créanciers de Louis Le Vasseur, en 1691. Depuis lors la seigneurie de Beaumont-la-Ronce tout entière n'est jamais sortie de la famille de la Bonninière de Beaumont.

Claude de la Bonninière mourut au château de Beaumont-la-Ronce, le 10 janvier 1707, à l'âge de soixante-trois ans et huit mois. Il fut inhumé dans le chœur de l'église, devant l'autel, en la grande tombe du milieu, place des seigneurs.

Du mariage de Claude de la Bonninière, chevalier, seigneur de Beaumont-la-Ronce et des Châtelliers, et d'Anne du Bois, sont nés :

1° Catherine-Anne, née en 1671, religieuse à Lencloître;

2° Agnès, morte sans postérité;

3° Claude-Guillaume (1673), qui suit;

4° Mathurin, né le 4 août 1676, à Beaumont-la-Chartre;

5° Nicole, baptisée en 1678, en l'église de Beaumont-la-Chartre, eut pour parrain son oncle, Pierre Carrey, seigneur de Bellemare et de la Forest, et pour marraine Geneviève de Launancourt, épouse de Mathurin Durand, seigneur de Changé. Elle épousa, le 22 juillet 1698, par contrat passé devant Mauduin, notaire royal à Tours, messire René Berland de la Louëre, chevalier, fils de feu messire Antoine de Berland, chevalier, et de dame Marie-Françoise de Linière.

C'est d'elle que descendent les familles de Charitte et de Puységur.

6° Marie-Thérèse (1679), morte sans postérité;

7° Agathe de la Bonninière, née vers 1680, morte en 1765, épousa, en 1715, Robert-Antoine du Juglart, dont:

Antoine Ier du Juglart, époux de Catherine de Cullon, père d'Antoine II, du Juglart, époux de N... Rangeard de la Boissière. De ce mariage : un fils, mort en bas âge, et une fille, Aimée du Juglart, qui épousa, en 1812, son cousin germain, le vicomte Auguste Herry de Maupas, d'où descendent :

La branche de Maupas, représentée par Anatole Herry de Maupas qui avait épousé Alix de Nettancourt;

Augusta, comtesse de Fromont;

Marie, épouse d'Édouard Labbé de Champgrand;

Esther, comtesse de la Fare.

8° Anne-Catherine (1680), religieuse à l'abbaye du Pré, au Mans;

9° Joseph, parrain en 1684, officier d'infanterie;

10° Marie-Anne, religieuse à l'abbaye du Pré, au Mans;

11° N...;

12° N...;

13° Jacques-Philippe, baptisé en 1689, chevalier de l'ordre de Saint-Jean de Jérusalem en 1696, page du grand maître, enseigne, puis lieutenant de vaisseau, tué dans une sortie, au siège d'Oran.

CLAUDE-GUILLAUME DE LA BONNINIÈRE

CHEVALIER

PUIS SEIGNEUR DE BEAUMONT-LA-RONCE

Claude-Guillaume de la Bonninière, fils de Claude de la Bonninière, chevalier, seigneur du Fresne-Savary, des Châtelliers, etc., et de dame Anne du Bois de Courceriers, est né le 28 septembre 1673, au château du Fresne-Savary, paroisse de Beaumont-la-Chartre, et fut baptisé la même année, en la même paroisse. Il eut pour parrain Guillaume de Berziau, chevalier, seigneur des Haies et de la Marseillaire, et pour marraine Jeanne Durand, fille de Mathurin Durand, seigneur de Changé.

Chartrier.

Lettres de services pour Claude-Guillaume de la Bonninière, premier page de Louis XIV en sa grande écurie, dans les pages du roi, dans les mousquetaires et dans le régiment du Roi-Infanterie, avec la généalogie et le certificat de messire d'Hozier, juge d'armes, depuis Pierre de la Bonninière, seigneur des Châteliers, sixième aïeul.

Chartrier.

Claude-Guillaume, agissant en vertu d'une procuration de Claude de la Bonninière, son père, rendit hommage au duc de Luynes, pour la terre et seigneurie des Châteliers, le 20 octobre 1689.

Claude-Guillaume fut parrain, le 1er décembre 1696, en l'église de Beaumont-la-Ronce, d'une cloche nommée *Marie-Martine,* de concert avec Marie-Catherine-Anne Binet [1].

État-civil de Beaumont-la-Ronce.

Contrat de mariage de messire Claude-Guillaume de la Bonninière, chevalier, seigneur des Châteliers, passé à la Ferté-Bernard, pays du Maine, le 19 février 1703, devant François Hubart, notaire royal dudit lieu, avec demoiselle Marie-Jeanne-Marguerite-Renée Simon, fille de Jean Simon, écuyer, seigneur de Claire ou de Clère, de Touffreville, et de dame Jeanne-Marguerite Angeneau. Ils furent assistés, savoir : Ledit seigneur futur époux des seigneur et dame de Beaumont, ses père et mère ; de

[1] Marie-Catherine-Anne Binet, fille de Victor Binet, deuxième du nom, chevalier, seigneur de Montifray, et de dame Anne Millon, avait épousé Charles Gigault, chevalier, seigneur de Bellefond, lieutenant des maréchaux de France au département de Loches, seigneur de Pont-le-Chasin, château Laudon, Montifray et autres lieux.

messire Jacques-Philippe de la Bonninière, chevalier de l'ordre de Saint-Jean de Jérusalem, son frère; de messire Jean de Neufchèze, chevalier dudit ordre, commandeur de la commanderie d'Artein en Vendômois; et ladite demoiselle future épouse des seigneur et dame ses père et mère; maître Jean Angeneau, conseiller du roi, élu au siège présidial de Vendôme, son aïeul.

Par lequel contrat les seigneur et dame de Beaumont marièrent ledit seigneur futur époux comme leur fils aîné, noble et principal héritier, et lui constituèrent en avancement de droits successifs les fief, terre et seigneurie des Châteliers, avec les terres et métairies de la Ronce, Beauvais, la Hallaudière, la Daussererie, Gaudil, la Hullotière et Bois-Guerry, avec toutes leurs appartenances et dépendances; et lesdits seigneur et dame de Claire constituèrent pareillement en dot à la demoiselle future épouse, leur fille, la somme de 1 100 livres de rentes, aussi en avancement de droits successifs. En faveur de ce même contrat, ledit sieur Angeneau, stipulant tant pour lui que pour son épouse, fit donation à ladite demoiselle, sa petite-fille, de la somme de 20 000 livres.

Chartrier.

Haut et puissant seigneur messire Claude-Guillaume de la Bonninière, chevalier, seigneur de Beaumont-la-Ronce, les Châteliers et autres lieux, partagea, par acte passé au château de Beaumont, le 7 mai 1714, devant François Vallois, notaire royal, résidant au bourg de Beaumont-la-Ronce, avec messire René Berland, chevalier, seigneur de la Louëre et autres lieux, et damoiselle Nicole de la Bonninière, son épouse; messire Joseph de la Bonninière, chevalier, seigneur du Fresne-Savary, Rorthre et autres lieux, et damoiselle Agathe de la Bonninière, fille majeure, usant de ses droits, ses frères et sœurs puînés, les biens provenant des successions de leurs père et mère. Par ce partage, ledit Claude-Guillaume eut en qualité d'aîné les deux tiers desdits biens, consistant en châtellenie, justice, château, fief, terre et seigneurie de Beaumont; les fiefs, terres et seigneuries des Bas-Châteliers, avec toutes leurs appartenances et dépendances.

Chartrier.

Messire Claude-Guillaume de la Bonninière, chevalier, seigneur de Beaumont-la-Ronce et des Châteliers, demeurant au château de Beaumont-la-Ronce, rendit hommage au duc de Luynes, par acte passé le 24 avril 1720, devant le bailli général du duché-pairie de Luynes, pour raison de la châtellenie, fief et seigneurie de Beaumont, à lui appartenant, en qualité d'héritier de messire Claude de la Bonninière, son père, et relevant dudit seigneur duc, à cause de son duché. — *Signé :* Gossel, commis-greffier.

Chartrier.

Dame Marie-Jeanne-Renée Simon de Claire, épouse de messire Claude de la Bonninière, chevalier, seigneur de Beaumont-la-Ronce, les Châteliers et autres lieux, décédée le 14 septembre 1751, fut inhumée le lendemain, en l'église paroissiale de Beaumont-la-Ronce.

Claude-Guillaume de la Bonninière, chevalier, seigneur de Beaumont, les Châteliers, la Cantinière, la Ronce et autres lieux, âgé de soixante-treize ans et six mois, fut inhumé dans une des grandes tombes de l'église paroissiale Saint-Martin de Beaumont-la-Ronce, le 23 mars 1752.

État civil de Beaumont-la-Ronce.

Du mariage de Claude-Guillaume de la Bonninière et de Marie de Claire naquirent deux enfants :

1° Jean-Baptiste-Claude, qui suit ;

2° Jeanne-Marie-Anne, qui épousa, le 21 novembre 1722, messire David-Nicolas Hurault, chevalier, seigneur de Saint-Denys, Villeluisant et autres lieux.

JEAN-BAPTISTE-CLAUDE DE LA BONNINIÈRE

CHEVALIER, Ier MARQUIS DE BEAUMONT

Jean-Baptiste-Claude de la Bonninière naquit le 5 août 1708, et fut baptisé le 7 du même mois, dans l'église paroissiale de Beaumont-la-Ronce, diocèse de Tours.

Chartrier et état civil de Beaumont-la-Ronce.

Jean-Baptiste-Claude de la Bonninière assista au contrat de mariage de demoiselle Jeanne-Marie-Anne de la Bonninière, sa sœur, avec messire David-Nicolas Hurault, chevalier, seigneur de Saint-Denis, Villeluisant et autres lieux, passé devant Pierre Le Gui, notaire à Neuvy, le 21 novembre 1722.

Chartrier.

Jean-Baptiste-Claude fut page du roi en sa grande écurie, et devint officier du régiment du Roi-Infanterie.

Jean-Baptiste-Claude de la Bonninière de Beaumont obtint une permission du roi de se rendre, à la suite de la compagnie de la Chevalerie, dans son régiment d'infanterie, pour y remplir les fonctions de lieutenant, datées de Marly et signées Louis, et plus bas Bavyn.

Chartrier.

Lettres de service au régiment du Roi-Infanterie.

Lettres du comte de Biron et du chevalier de Givry, pour Jean-Baptiste-Claude de la Bonninière.

Chartrier.

Messire Jean-Baptiste-Claude de la Bonninière, chevalier, seigneur de Beaumont-la-Ronce, les Châtelliers, etc., demeurant à Tours, épousa par contrat passé au château de Beaumont-la-Ronce, le 3 mai 1736, devant Dreux et Michaux, notaires à Tours, dame Anne-Françoise-Elisabeth Quantin, veuve de messire Anthoine-Philibert de Torcy, seigneur de Lantilly et autres lieux, fille de messire André-François Quantin, chevalier, ancien président-trésorier de France au bureau des finances de Tours, et de dame Marie-Anne Coudreau. Ils furent assistés, savoir : Ledit seigneur futur époux des seigneur et dame de Beaumont, ses père et mère, et de dame Jeanne-Marguerite Angeneau, veuve en premières noces de messire Jean Simon, chevalier, seigneur de Claire, de Touffreville et autres lieux, et maintenant épouse de messire Louis-André de Barville, seigneur de Conches, Bures, Saint-Ouen et autres lieux, major du régiment de Ferzen, son aïeule maternelle; et ladite demoiselle future épouse desdits seigneur et dame ses père et mère.

Lesdits seigneur et dame de Beaumont marièrent ledit seigneur comme leur fils aîné, noble et principal héritier, et lui constituèrent en avancement de droits successifs la terre et seigneurie des Châtelliers, avec ses appartenances et dépendances, celle de la Courtinière, à la charge d'en payer le prix à Mme Legras, et les métairies des Gibaudières, du Bois-Guerry, etc., sous la réserve de la somme de 3 000 livres. Et ladite dame future épouse se constitua pareillement tous ses biens, consistant en la terre et seigneurie de Fontenay, etc.

Chartrier.

Jean-Baptiste-Claude de la Bonninière, seigneur de Beaumont-la-Ronce, ci-devant officier du Roi-Infanterie, obtint au mois d'août 1757, de S. M. le roi Louis XV, des lettres patentes portant réunion et incorporation des terres et seigneuries de Beaumont-la-Ronce, les Châtelliers, Beauvais, etc., en Touraine, de Launay, Fontenay, les Matras, Guigny, le Plessis-Bouchard, etc., et érection d'icelles en marquisat, sous la dénomination de Beaumont-la-Ronce, consistant en château, domaine, cens, rentes, prés, bois en coupes réglées, dixmes, étangs, hommages sur les fiefs de la Salle-Saint-Georges, Verneuil, le Grand et le Petit-Coudray, Fosse-Platte et la Courtrie, avec droit de châtellenie, haute, moyenne et basse justice, de banvins, de péage pour les marchandises, droit de marché les vendredis, et de foires les jours de Saint-Jean-Baptiste et de Saint-Martin d'hiver, etc. Relevant en entier du duché-pairie de Luynes, à foi et hommage lige, en faveur de la noblesse dont ses ancêtres jouissaient déjà dès le commencement du XIVe siècle, et de leurs services dans les troupes de Sa Majesté; de ceux de son père en qualité de page de sa grande écurie, d'où il entra dans le régiment du Roi, où il fit plusieurs campagnes; de ceux de son oncle, chevalier de Malte et lieutenant de vaisseau, tué au siège d'Oran; de ses services personnels, d'abord en qualité de page de sa grande écurie, et ensuite comme officier pendant neuf ans au régiment du Roi, où il reçut un coup de feu à la cuisse, à la bataille de Parme, et enfin des services de son fils, officier depuis trois ans au même régiment du Roi.

Ces lettres, datées de Versailles, sont signées Louis, et, plus bas : Par le Roi : Phélypeaux. A côté, visa Louis et scellé en cire verte sur lacs de soie rouge et verte. Enregistré au parlement, le 7 juillet 1758, *signé :* Dufranc; à la chambre des comptes, le 14 juillet 1758, *signé :* Gougenel; au bureau des finances de la généralité de Tours, le 27 août de la même année, *signé :* Franklin; au bailliage et siège présidial de ladite ville, le 25 novembre aussi de la même année; et enfin au registre des remembrances du duché de Luynes, le 15 mai 1770.

Chartrier.

Du mariage de Jean-Baptiste-Claude de la Bonninière avec Anne-Françoise Quantin naquirent deux enfants :

1° Anne-Claude, qui suit;

2° Anne-Marguerite de la Bonninière de Beaumont, épouse de Claude-Pierre Lefebvre, chevalier, comte de la Falluère, seigneur de Marigny, la Sicorie, Placé, Jallanges et autres lieux, officier au régiment du Roi-Infanterie.

Jean-Baptiste-Claude de la Bonninière, marquis de Beaumont, étant devenu veuf, épousa en secondes noces, par contrat du 27 février 1755, demoiselle Louise-Charlotte-Agnès-Françoise de Foyal, demoiselle de Donnery, fille de messire Pierre-François-Alexandre de Foyal, chevalier, seigneur de Donnery, la Sourdière, Saint-Lubin-en-Vergonnois et autres lieux, et de dame Marie-Renée Labbé de Champagnettes.

Chartrier.

ANNE-CLAUDE DE LA BONNINIÈRE

II° MARQUIS DE BEAUMONT

Anne-Claude de la Bonninière, chevalier, comte de Beaumont [1], né en 1738, fut baptisé le 28 mai de cette même année, en l'église paroissiale de Saint-Vincent de Tours.

Chartrier.

D'abord cornette au régiment de Bellefond-Cavalerie, Anne-Claude entra dans le régiment du Roi-Infanterie, et fit dans ce corps la guerre dite de Sept ans.

Les lettres de service d'Anne-Claude au régiment de Bellefond-Cavalerie et au régiment du Roi-Infanterie. Ces lettres sont de 1748, 1754, 1756 et 1758.

Chartrier.

Anne-Claude reçoit les comptes de tutelle rendus par son père, Jean-Claude marquis de Beaumont, à ses enfants, le 27 août 1755.

Chartrier.

Messire Anne-Claude de la Bonninière, chevalier, comte de Beaumont, mineur, demeurant habituellement au château de Beaumont, épousa, par contrat passé le 30 décembre 1760, devant Mathon et Chomel, conseillers du roi, notaires au Châtelet de Paris, Marguerite Le Pellerin de Gauville, fille mineure de haut et puissant seigneur messire Marc-Antoine-François Le Pellerin, chevalier, marquis de Gauville, lieutenant général des armées du roi, commandant un bataillon du régiment des gardes françaises, et de haute et puissante dame Magdeleine Le Gendre.

Ils furent assistés, savoir : Ledit seigneur futur époux du seigneur marquis de Beaumont, son père; haut et puissant seigneur Louis Sébastien Bernin, marquis d'Assé, colonel de dragons, cousin maternel; haut et puissant seigneur Armand-Louis-François Gigault de Bellefonds, comte de Bellefonds, maréchal des camps et armées du roi, seigneur de Montifray et autres lieux; haute et puissante damoiselle Henriette-Madeleine Bernin d'Assé, sa cousine maternelle; et ladite damoiselle future épouse des seigneur et dame ses père et mère, représentés par : Haut et puissant seigneur

[1] Anne-Claude, déjà âgé lors de la mort de son père, conserva le titre de comte, et fit prendre celui de marquis à *André*, son fils aîné.

DESCENDANCE DE FRANÇOIS LEGENDRE

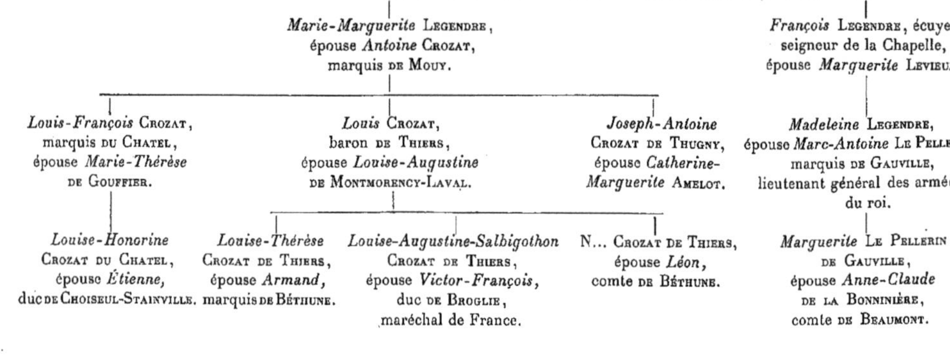

Jean-Baptiste de Sauzey, marquis de Sauzey, capitaine aux gardes françaises, cousin; dame Marguerite Levieux, veuve de François Legendre, aïeule; dame Marie-Anne Legendre, veuve de Louis Doublet, chevalier, secrétaire des commandements de monseigneur le duc d'Orléans, régent, grand'tante; Louis Le Gendre, clerc tonsuré du diocèse de Paris, grand-oncle; Jean-Baptiste Duret de Meunières, président honoraire au parlement, grand-oncle à la mode de Bretagne; Louis Duret de Bourneville, officier aux gardes françaises, cousin issu de germain; dame Marguerite Chevalier, épouse de François-Gaspard Masson, président au parlement, cousine; dame Élisabeth Le Clere, veuve de Louis Chevalier, chevalier, conseiller au parlement, grand'tante à la mode de Bretagne; Marc-René Chevalier, chevalier, seigneur du Boissy, capitaine au régiment des gardes françaises, grand-oncle à la mode de Bretagne; Marguerite Amelot, veuve d'Antoine-Joseph Crozat de Thugny, président honoraire au parlement, tante à la mode de Bretagne; haute et puissante dame Magdeleine Moutiers, veuve de haut et puissant seigneur Jean de Gouy, marquis d'Arcis, mestre de camp de cavalerie, gentilhomme de la manche du roi, cousine issue de germaine; haute et puissante dame Augustine Crozat de Thiers, épouse de haut et puissant seigneur Victor-François de Broglie, duc de Broglie, maréchal de France, prince du Saint-Empire, cousine; haut et puissant seigneur Armand, marquis de Béthune, lieutenant général, chevalier des ordres du roi, colonel général de la cavalerie de France, et haute et puissante dame N... Crozat de Thiers, son épouse, cousin et cousine; haut et puissant seigneur Casimir-Léon, comte de Béthune, brigadier des armées du roi, chevalier d'honneur de Madame de France, cousin; haute et puissante dame Marie Hocquart, épouse de très haut et puissant seigneur Anne-Pierre, marquis de Montesquiou, colonel des grenadiers de France, gentilhomme de la manche de monseigneur le duc de Bourgogne, cousin et cousine; haute et puissante dame Élisabeth Bazin de Flammanville, épouse de haut et puissant seigneur Jean-Joseph Le Comte de Nonant, marquis de Raray, officier de gendarmerie, cousine; haut et puissant seigneur Charles-Louis de Preissac de Marestan, comte d'Esclignac, et dame Marguerite Chevalier, son épouse, cousin et cousine; haut et puissant seigneur Charles de Romilly, marquis de la Chesnelaye, brigadier des armées du roi, gouverneur du château de Fougères, cousin; haute et puissante dame Pauline Dombarde de Voisenon, épouse de haut et puissant seigneur Victor de Fusé, comte de Voisenon, capitaine aux gardes françaises, maréchal de camp des armées du roi, cousine; dame Louise Davy de la Fautrière, épouse de Joseph-Athanase de Cecconi, comte du Mont-Palatin, chevalier de l'Éperon d'or, cousine; René-Étienne, chevalier, seigneur d'Augny, cousin; Étienne d'Augny, officier aux gardes françaises, cousin; Nicolas Hue, chevalier de

Miromesnil, officier aux gardes françaises, cousin; dame Louise Masson, marquise d'Aligre, cousine; dame Anne-Blanche Louvet, épouse d'Henri Pajot du Boucher, chevalier, ancien grand maître des eaux et forêts de Champagne, cousine; très haut et très puissant seigneur Étienne de Choiseul, duc de Choiseul-Stainville, pair de France, chevalier des ordres du roi, lieutenant général des armées de Sa Majesté, gouverneur de Touraine, ministre secrétaire d'État des affaires étrangères, et très haute et puissante dame Louise-Honorine Crozat du Châtel, son épouse, cousin et cousine; haut et puissant seigneur Paris Potier, marquis de Gèvres, et haute et puissante dame Marie du Guesclin, son épouse, cousin et cousine; Louis de Barzy, colonel d'infanterie, et Charlotte Régnier, son épouse, cousin et cousine.

Chartrier.

Les époux reçurent la bénédiction nuptiale en l'église paroissiale de Saint-Martin de Cernières.

Chartrier.

Foi et hommage rendu au duché de Luynes, en 1770.

Chartrier.

Aveu rendu au duché de Luynes, pour le marquisat de Beaumont, en 1770.

Chartrier.

Aveu rendu en 1773, au marquisat de Querhöant, pour la châtellenie de Ruillé-sur-Loir.

Chartrier.

Foi et hommage rendu à Monsieur, frère du roi, pour le marquisat de la Chartre-sur-Loir.

Chartrier.

Acte de notoriété du 15 avril 1780, au bailliage de Breteuil en Normandie, pour la réformation du nom de *Marie*, donné par erreur à Mme la comtesse de Beaumont.

Chartrier.

Autre acte de notoriété à la même date, passé à Paris, pour le même objet.

Chartrier.

Procès-verbal avec ordonnance des juges du bailliage de Tours, pour réformer ledit nom de Marie sur les extraits de baptême des enfants, en date du 14 septembre 1780.

Chartrier.

Partage de la succession du marquis et de la marquise de Gauville, et de celle de M. de la Chartre.

Chartrier.

Billet de M. Fresneau de la somme de 2155 livres, laissée par testament du marquis de Gauville à l'hôpital de la Chartre, et dont ledit Fresneau était exécuteur pour cette partie seulement.

Chartrier.

Lettre du roi Louis XVI du 20 juillet 1787, à M. le comte de Beaumont-la-Ronce, datée de Versailles, par laquelle Sa Majesté le nomme un des deux membres composant l'assemblée provinciale de la Touraine dans l'ordre de la noblesse.

Chartrier.

Du mariage du comte et de la comtesse de Beaumont sont issus treize enfants :

1° André,
2° Marc-Antoine,
3° Marie-Françoise-Jeanne-Adélaïde,
4° Marie-Madeleine-Élisabeth,
5° Charles,
6° Agathe,
7° Auguste,
8° Hélène,
9° Jules,
10° Eugène,
11° Armand,
12° Octave,
13° Léopold.

ANDRÉ DE LA BONNINIÈRE

IIIe MARQUIS DE BEAUMONT

André de la Bonninière, marquis de Beaumont, né à Beaumont-la-Ronce, le 7 octobre 1761, baptisé la même année, en l'église paroissiale.

Premier page de la reine Marie-Antoinette;

Capitaine au régiment du Roi-Cavalerie, le 1er janvier 1780;

Capitaine de remplacement, le 26 septembre 1784;

Sous-lieutenant aux gendarmes de Lunéville (rang de lieutenant-colonel de cavalerie), le 1er juillet 1787;

Major en 2e du régiment d'Anjou-Infanterie, le 1er mai 1788;

Réformé à la réorganisation, le 31 mars 1791;

Chambellan, introducteur des ambassadeurs, puis chevalier d'honneur de l'impératrice Joséphine;

Chevalier de la Légion d'honneur à la formation;

Grand-croix de l'ordre de la Fidélité de Bade;

Grand-croix de l'ordre de la Couronne de Bavière;

Membre du collège électoral, et président du conseil général, en 1809.

André, marquis de Beaumont, épousa par contrat du 26 mai 1786, passé devant Perrier, notaire à Paris, demoiselle Anne-Armande-Antoinette Hue de Miromesnil, connue à la cour de la reine Marie-Antoinette, dont elle était fille d'honneur, sous le nom de Mlle de Latingy. Ce fut la reine qui fit elle-même son mariage avec André, marquis de Beaumont, qu'elle honorait d'une affection particulière, et qu'elle tutoyait depuis qu'il avait été son premier page.

Antoinette de Miroménil était fille de haut et puissant seigneur Nicolas-Thomas Hue, comte de Miroménil, maréchal de camp, chevalier de Saint-Louis, et de Marie-Antoinette-Victoire de Ségur.

Ledit contrat est signé, en outre des pères et mères des futurs, par :

S. M. le roi Louis XVI;

S. M. la reine Marie-Antoinette;

Monsieur, frère du roi;

Madame;

Mme la comtesse d'Artois;

Madame Adélaïde, tante du roi;

Madame Victoire, tante du roi;

Monseigneur le duc d'Angoulême;

Monseigneur le duc de Berry.

Ont signé en outre :

Du côté d'André, marquis de Beaumont :

Haut et puissant seigneur Marc-Antoine de la Bonninière, vicomte de Beaumont, capitaine au régiment de Lorraine-Dragons, frère; haut et puissant seigneur Jean-Baptiste-Catherine-Allain, marquis de Fayet, lieutenant au régiment des gardes françaises, et haute et puissante dame Adélaïde de la Bonninière de Beaumont, son épouse, beau-frère et sœur; haute et puissante dame Madeleine Le Gendre, veuve de haut et puissant seigneur Marc-Antoine Le Pellerin, marquis de Gauville, aïeule; haut et puissant seigneur Jean-Baptiste du Sauzey, lieutenant général des armées du roi, grand-croix de l'ordre royal et militaire de Saint-Louis, major des gardes françaises, cousin; haute et puissante dame Élizabeth-Thérèse-Marguerite Chevalier, veuve de haut et puissant seigneur Charles-Louis, seigneur de Preissac, Marestan, Fézensac, comte d'Esclignac, brigadier des armées du roi, cousin.

Du côté d'Anne-Armande-Antoinette Hue de Miroménil ont signé :

Très haut et très puissant seigneur monseigneur Armand-Thomas Hue, marquis de Miroménil, chancelier, garde des sceaux de France, oncle ; haut et puissant seigneur Charles-Joseph, comte de la Pallu, lieutenant-colonel d'infanterie, sous-aide-major au régiment des gardes françaises, et haute et puissante dame Anne-Marie Hue de Miroménil, son épouse, beau-frère et belle-sœur ; haut et puissant seigneur Thomas Hue de Miroménil, conseiller du roi, cousin ; haut et puissant seigneur Paul-Charles Cardin Le Bret, conseiller du roi en ses conseils, greffier en chef du parlement de Paris, et haute et puissante dame Anne-Armande-Georgette Hue de Miroménil, son épouse, cousin et cousine ; haut et puissant seigneur Louis-Emmanuel, comte de Coëtlegon, lieutenant général des armées du roi, grand-croix de l'ordre royal et militaire de Saint-Louis, oncle par défunte N... de Ségur, son épouse ; haut et puissant seigneur Nicolas-Marie-Alexandre, comte de Ségur, capitaine au régiment de Ségur-Dragons, cousin ; haute et puissante dame Marguerite-Bernardine Chennet, veuve de haut et puissant seigneur N... Bignon, conseiller du roi en ses conseils, bibliothécaire du roi, cousine ; haut et puissant seigneur Jérôme Bignon, chevalier, cousin ; très haut et très puissant seigneur Antoine-René de Voyer, marquis de Paulmy, ministre d'État, chancelier de la reine, chevalier de tous les ordres du roi et de celui de Saint-Lazare, gouverneur de l'Arsenal, cousin issu de germain ; très haute et très puissante dame Madeleine-Adélaïde-Suzanne de Voyer, duchesse de Luxembourg, cousine ; N... de la Porte, conseiller d'État, cousin ; haut et puissant seigneur Alexandre-Louis Le Fèvre de Caumartin, chevalier non profès de l'ordre de Saint-Jean de Jérusalem, oncle à la mode de Bretagne ; haut et puissant seigneur Louis de Mathan, marquis de Mathan, lieutenant général des armées du roi, lieutenant-colonel des gardes françaises, et haute et puissante dame Anne Duclusel, son épouse, cousin et cousine ; haute et puissante dame Angélique Louise de Savary, épouse de Louis-Antoine de Mathan, lieutenant des vaisseaux du roi, cousine ; haute et puissante demoiselle Annette de Mathan, cousine ; haut et puissant seigneur Jean-Baptiste-Charles de Goujon de Thuisy, marquis de Thuisy, lieutenant des grenadiers au régiment des gardes françaises, sénéchal héréditaire de Rheims, chevalier honoraire de l'ordre de Saint-Jean de Jérusalem, et haute et puissante dame Catherine-Philibertine-Françoise de Bérulle, son épouse, cousin et cousine ; dame Renée-Mélanie de Goujon de Thuisy, épouse d'Alexis-Balthazar de Ricouard d'Hérouville, conseiller au parlement, cousine ; haut et puissant seigneur François-Auguste de la Cour, chevalier de Balleroy, maréchal des camps et armées du roi, commandeur de l'ordre royal et militaire de Saint-Louis, cousin ; haut et puissant seigneur Nicolas-Pierre de Pichard, chevalier, conseiller du roi en tous ses conseils, président à mortier au parlement de Bordeaux, cousin; François Logerat, prêtre du diocèse de Noyon, seigneur de Saint-Justin, en l'église métropolitaine d'Auch, conseiller au parlement de Normandie, cousin.

Chartrier.

Lettre du duc de Coigny, annonçant au marquis de Beaumont que le roi l'a agréé pour monter dans ses carrosses, d'après le mémoire délivré par Chérin.

Voir, dans la *Gazette de France* du 3 février et du 18 juin 1786, la présentation de la marquise de Beaumont.

Chartrier.

Antoinette de Miroménil, marquise de Beaumont, mourut au château de Beaumont, le 29 décembre 1830.

André, son mari, mourut au même lieu, le 5 mars 1838.

De leur mariage sont nés six enfants :

1° *Maxime,* né le ..., mort le ...;

2° *Joseph,* né le ..., mort le ...;

3° *Anne-Marie,* née à Beaumont, le 21 septembre 1788, épouse de Jacques-Marie-*Edmond* de Fesques, comte de la Rochebousseau, décédée le 4 janvier 1818, sans postérité;

4° *Pauline,* née le 27 août 1789, épouse d'Alain-Armand, marquis de Fayet, morte le 2 avril 1857;

5° *Théodore,* né le 19 octobre 1791, mort le 25 mars 1865;

6° *Léon,* né le ... décembre 1794, mort le 30 janvier 1871.

THÉODORE DE LA BONNINIÈRE

IVe MARQUIS DE BEAUMONT

MARQUIS DE BEAUMONT-VILLEMANZY

Théodore de la Bonninière, comte, puis marquis de Beaumont-Villemanzy, fils d'André de la Bonninière, marquis de Beaumont, et d'Anne-Armande-Antoinette Hue de Miroménil, naquit le 19 octobre 1791, à la Gidonnière, paroisse de Lhomme (Sarthe).

Fut d'abord page de l'empereur Napoléon Ier, le 6 mars 1805;

Sous-lieutenant au 18e régiment de chasseurs à cheval, le 20 juillet 1810;

Lieutenant au 23e régiment de chasseurs à cheval, le 9 février 1813;

Brigadier dans les gendarmes de la Maison-Rouge (rang de capitaine), 1er juillet 1814;

Capitaine au 2e régiment de la garde royale, le 10 octobre 1815;

Breveté chef d'escadrons le 1er juillet 1818;

Chef d'escadrons aux dragons du Doubs, le 5 juin 1822;

Nommé au 1er régiment de grenadiers à cheval de la garde royale, le 13 juillet 1825;

Major aux lanciers de la garde royale, le 27 juillet 1825;

Chef d'escadrons au même régiment, le 29 octobre 1828;

Lieutenant-colonel du 2e régiment de chasseurs à cheval (depuis 2e lanciers), le 3 janvier 1830;

Démissionnaire de son grade le 22 août 1830.

Théodore, comte de Beaumont, fit les campagnes de 1811 et 1812, en Espagne et Portugal, et la campagne de 1823, en Espagne. Il fut blessé d'un coup de feu à la cuisse à la bataille de Salamanque, le 22 juillet 1812.

Chevalier de la Légion d'honneur le 28 juillet 1813, chevalier de l'ordre de Saint-Ferdinand d'Espagne (2e classe) du 18 novembre 1823.

Il épousa, le 1er août 1820, Adélaïde-Charlotte-Élisabeth-*Cécile* de Villemanzy, fille de Jacques-Pierre Orillard, comte de Villemanzy, pair de France, lieutenant général des armées du roi, ancien intendant général et commissaire général des armées, chevalier de Saint-Louis, grand-croix de la Légion d'honneur, grand-croix de la Couronne de Bavière, commandeur de l'ordre de Saint-Henri de Saxe, chevalier de la Couronne de fer et de l'ordre de Cincinnatus, mort le 3 septembre 1830, et d'Élisabeth-Françoise-Marguerite Baudon, morte le 19 novembre 1830.

A l'occasion de ce mariage, le comte de Villemanzy avait obtenu du roi, le 19 juillet 1820, la transmission héréditaire de la pairie sur la tête de Théodore, comte de Beaumont, qui ajouta depuis à son nom celui de Villemanzy. La révolution de 1830 étant survenue, Théodore, comte de Beaumont, déjà démissionnaire de son grade militaire, refusa de siéger à la chambre des pairs, tout en réservant pour l'avenir les droits de son fils aîné.

Au contrat de mariage de Théodore, comte de Beaumont, avec Cécile de Villemanzy ont signé :

S. M. le roi Louis XVIII;

Monsieur, comte d'Artois;

Monseigneur le duc d'Angoulême;

Madame la duchesse d'Angoulême.

Du côté du futur : André de la Bonninière, marquis de Beaumont, chevalier de la Légion d'honneur, grand-croix de l'ordre de la Couronne de Bavière, grand-croix de l'ordre de Bade, et Anne-Armande-Antoinette

Hüe de Miroménil, son épouse, père et mère du futur; Marc-Antoine, comte de Beaumont, pair de France, lieutenant général de cavalerie, grand-croix de l'ordre de la Légion d'honneur, grand-croix de l'ordre du Mérite militaire de Bavière, chevalier de la couronne de fer, oncle du futur; le comte Charles de Beaumont, colonel d'état-major, commandant supérieur de l'École militaire, chevalier de Malte, chevalier de Saint-Louis, commandeur de la Légion d'honneur, etc.

Du côté de la future : Jacques-Pierre Orillard, comte de Villemanzy, pair de France, lieutenant général, grand-croix de la Légion d'honneur, etc. etc., et Élisabeth-Françoise-Marguerite Baudon, son épouse, père et mère de la future; Élisabeth de Villemanzy, Mathilde de Villemanzy, sœurs de la future; Mme veuve Hamelin, grand'tante; le comte et la comtesse d'Issoncourt, grand-oncle et grand'tante; M. Charles Baudon, intendant militaire, oncle; la baronne de Baulny, tante; le baron Alfred de Baulny, cousin germain; M. Eugène de Baulny, cousin germain; M. de Saint-Brisson, cousin germain; M. de Limairac, cousin germain; le comte et la comtesse de Bondy, cousin et cousine; le baron de Pongy, conseiller d'État, cousin; Mme et Mlle du Bourg, cousines; M. de Perceval, secrétaire général du ministère de la guerre, cousin.

De ce mariage :

1° André-*Léopold*-Jacques, né à Paris, le 19 septembre 1821, qui suit;

2° *Marie*-Anne-Jacqueline, née à Saint-Ouen (Indre-et-Loire), le 23 septembre 1822, mariée le 18 juin 1845 à Alexandre, comte de Lambel, morte sans postérité, à Paris, le 14 mars 1882;

3° *Jacques*, né à Paris, le 24 décembre 1824, marié le 10 février 1851 à Denise-Marie-Augustine de Gallet de Mondragon;

4° *Albert*, né à Paris, le ..., mort en bas âge;

5° *Albert*, né à Beaumont-la-Ronce, le 25 septembre 1833, prêtre, mort à Tours, chanoine honoraire et premier chapelain de la chapelle Saint-Martin, le 29 août 1867.

Théodore, marquis de Beaumont-Villemanzy, mourut à Tours, le 25 mars 1865.

Cécile de Villemanzy, marquise de Beaumont-Villemanzy, née à Paris, le 2 février 1803, mourut à Beaumont-la-Ronce, le 8 avril 1881.

ANDRÉ-LÉOPOLD-JACQUES DE LA BONNINIÈRE

Ve MARQUIS DE BEAUMONT

André-*Léopold*-Jacques de la Bonninière, marquis de Beaumont, né à Paris, le 19 septembre 1821, fils de Théodore de la Bonninière, marquis de Beaumont-Villemanzy, et d'Adélaïde-Charlotte-Cécile de Villemanzy.

Épousa au château de Lancosme (Indre), le 19 septembre 1849, *Louise*-Marie-Eulalie de Gallet de Mondragon, née le 21 janvier 1828, fille d'Antoine-Jean-Joseph-Théodore de Gallet, comte de Mondragon, et de Denise-Octavie Savary de Lancosme.

Le contrat est signé du côté du futur, outre ses père et mère, par : le vicomte Jacques de Beaumont, frère; Albert de Beaumont, prêtre, frère; Alexandre, comte de Lambel, et Marie de la Bonninière de Beaumont, comtesse de Lambel, son épouse, beau-frère et sœur. Du côté de la future ont signé, outre ses père et mère : Augustin-Jean-Marie-Joseph de Gallet, marquis de Mondragon, oncle; Denise-Marie Augustine de Gallet de Mondragon, sœur.

De ce mariage :

1° *Guillaume*-Marie-Théodore, qui suit, né à Beaumont-la-Ronce, le 19 décembre 1850;

2° *Jean*-Marie-Armel, né à Beaumont-la-Ronce, le 12 juillet 1855, capitaine au 3e cuirassiers, chevalier de la Légion d'honneur, marié à Paris, le 22 mars 1892, à *Charlotte*-Antoinette-Marie-Brigitte Le Febvre de Laboulaye, née le 8 octobre 1868, fille de Paul Le Febvre de Laboulaye, ancien ambassadeur de France en Russie, grand-officier de la Légion d'honneur, et de Louise-Eugénie Calon, son épouse;

3° *Philippe*-Marie-Charles-Albert, né à Beaumont-la-Ronce, le 9 février 1857, épousa à Paris, le 4 juillet 1887, *Jeanne*-Marie-Nicole Pommeret des Varennes, née le 31 juillet 1866, fille de Gustave Pommeret des Varennes, et d'Antoinette de Morgan-Frondeville;

4° *Louis*-Marie-Joseph, né à Beaumont, le 2 juin 1861, mort le 20 mai 1863;

5° *Pierre*-Henri-Marie, né à Beaumont, le 7 décembre 1862, lieutenant au 7e chasseurs, marié à Paris, le 7 juillet 1896, à Marie-Joséphine-Henriette-Hermine-*Yolande* de Goulaine, née le 16 mai 1871, fille de Marie-Henri-Donatien-Alphonse, marquis de Goulaine, et d'Albertine-Marie-Georgine-Charlotte de Béthune-Sully.

Louise-Eulalie de Gallet de Mondragon, marquise de Beaumont, mourut à Beaumont-la-Ronce, le 12 juin 1891.

Léopold, marquis de Beaumont, est commandeur de l'ordre pontifical de Saint-Grégoire-le-Grand.

GUILLAUME-MARIE-THÉODORE DE LA BONNINIÈRE

COMTE DE BEAUMONT

Guillaume-Marie-Théodore de la Bonninière, comte de Beaumont, fils d'André-Léopold-Jacques de la Bonninière, marquis de Beaumont, et de Louise-Marie-Eulalie de Gallet de Mondragon, né à Beaumont-la-Ronce (Indre-et-Loire), le 19 décembre 1850.

Élève à l'École spéciale militaire de Saint-Cyr, le 13 octobre 1869;

Nommé sous-lieutenant au 7e régiment de hussards, le 14 août 1870;

Passé au 2e régiment de marche de hussards, le 29 octobre 1870;

Lieutenant à titre provisoire, le 11 janvier 1871;

Passé au 2e régiment de hussards, le 1er avril 1871;

Maintenu lieutenant avec rang du 14 août 1871;

Confirmé par décision de la commission de revision des grades en date du 18 octobre 1871;

A suivi les cours de l'École de cavalerie comme officier d'instruction du 1er janvier 1873 au 14 octobre 1873;

Passé au 12e régiment de hussards en qualité de lieutenant faisant les fonctions d'instructeur, le 14 novembre 1873;

Capitaine instructeur au 5e régiment de hussards, le 26 février 1874;

Passé le même jour au 12e régiment de hussards;

A suivi les cours spéciaux de l'École supérieure de guerre du 10 mai 1876 à décembre 1877, et a obtenu le brevet de capacité;

Capitaine commandant au 12e hussards, le 23 juillet 1878;

Démissionnaire le 11 mars 1881;

Campagne contre l'Allemagne du 31 octobre 1870 au 7 mars 1871;

Chef d'escadron commandant le 2e et 4e escadrons territoriaux de cavalerie légère de la 9e région;

Chevalier de la Légion d'honneur pour services de guerre, le 1er janvier 1892.

Guillaume, comte de Beaumont, épousa à Paris, le 2 juin 1877, *Caroline*-Gérardine-Arnoldine d'Alsace, née le 10 décembre 1856, à Montgraham (Eure-et-Loir), fille de Simon-Gérard-Louis d'Alsace, prince d'Hénin-Liétard, et d'Angélique-Caroline-Françoise-Louise de Brienen de Grootelindt.

De ce mariage :

Guillemette-Caroline-Marie, née le 22 janvier 1879, morte le même jour.

LE COMTE JACQUES DE LA BONNINIÈRE DE BEAUMONT

Jacques de la Bonninière, comte de Beaumont, fils de Théodore, marquis de Beaumont, et d'Adélaïde-Charlotte-Élisabeth-Cécile de Villemanzy, né à Paris, le 24 décembre 1824, commandeur de l'ordre pontifical de Saint-Grégoire-le-Grand, chevalier de l'ordre pontifical de Saint-Sylvestre, commandeur avec plaque de Saint-Georges Constantinien de Naples, marié le 10 février 1851, à *Denise*-Marie-Augustine de Gallet de Mondragon, née le 23 janvier 1830, morte le 7 mars 1890, fille d'Antoine-Jean-Joseph-Théodore de Gallet, comte de Mondragon, et de Denise-Octavie Savary de Lancosme.

De ce mariage :

1° *Karl*-Jacques-Marie-Théodore, né à Beaumont-la-Ronce, le 12 juillet 1852.

Incorporé au 2e régiment de hussards, le 19 juillet 1871, comme engagé volontaire;

Élève à l'École spéciale militaire de Saint-Cyr, le 19 novembre 1872;

Nommé sous-lieutenant élève à l'École de cavalerie de Saumur du 1er novembre 1874 au 15 octobre 1875;

Passé au 10e régiment de dragons le 7 novembre 1874;

Passé au 24e régiment de dragons le 1er mars 1879;

Officier d'ordonnance du général marquis de la Jaille;

Démissionnaire le 28 juin 1882;

Chef d'escadron de cavalerie de territoriale du 9e corps d'armée.

Il épousa, le 18 mai 1878, Berthe-Marie-*Henriette* de Boisgelin, née à Paris, le 12 juillet 1856, fille d'Alexandre-Marie, comte de Boisgelin, et de Berthe-Aline-Françoise de Clercq.

De ce mariage :

A. *Étienne*-Jacques-Alexandre-Marie-Joseph, né à Paris, le 9 mars 1883;

B. *Hélion*-Henry-Marie, né à Paris, le 4 mars 1896.

2° *René*-Marie, né à Beaumont-la-Ronce, le 6 mars 1854, marié le 17 juin 1882 à *Marie*-Pauline-Henriette Chrestien de Tréveneuc, née le 9 septembre 1860, à Lannouan, près Landévan (Morbihan), fille de Fernand-Joseph-Marie Chrestien, vicomte de Tréveneuc, ancien capitaine de cavalerie, chevalier de la Légion d'honneur, mort membre de l'Assemblée nationale, et d'Anne-Marie-Agathe de Perrien de Crenan.

De ce mariage :

A. *Marie*-Renée, née et morte le 1er juin 1884;

B. *Yvonne*-Anne-Marie-Joséphine, née à Paris, le 16 janvier 1887;

C. *Guy*-Joseph-Marie-Paul, né à Paris, le 27 mai 1889;

D. *Germaine*-Anne-Marie-Henriette, née à Paris, le 24 janvier 1892.

E. *Hubert*-Marie-Karl, né à Hennebont (Morbihan), le 26 janvier 1897.

3° *Hélion*-Jacques-Marie-Pierre-Denis, né à Beaumont-la-Ronce, le 13 janvier 1857, mort à Tours, le 8 juin 1871;

4° *Denise*-Marie-Théodora-Joséphine, née le 28 février 1859, morte le 27 avril 1859;

5° *Marie*-Joséphine-Caroline, née le 11 décembre 1873, morte le 4 février 1874.

LE COMTE LÉON DE LA BONNINIÈRE DE BEAUMONT

Léon de la Bonninière, comte de Beaumont, fils d'André de la Bonninière, marquis de Beaumont, et d'Anne-Armande-Antoinette Hüe de Miroménil, né à la Gidonnière (Sarthe), le 4 décembre 1794, mort à Luynes, le 30 janvier 1871.

Élève de l'École de cavalerie de Saint-Germain, le 5 février 1813;

Gendarme de la garde du roi, le 6 juillet 1814 (rang de lieutenant de cavalerie du 1er juillet 1814);

Lieutenant en 1er aux chasseurs de la Sarthe, le 13 décembre 1815;

Démissionnaire le 21 mai 1821.

Épousa le ... 1825 *Flavie* des Hayes de Cosme, née le 6 octobre 1806, morte le 6 juillet 1881, à Luynes (Indre-et-Loire), fille de Balzamin-*Casimir*-Mandé, comte des Hayes de Cosme, et de Marie-Michelle-*Sophie* Le Febvre de Montifray.

De ce mariage :

1° *Maxime,* né le ... 1826, mort la même année ;

2° *Camille,* née le 27 novembre 1827, morte à Luynes (Indre-et-Loire), le 29 janvier 1883. Mariée le 17 février 1852, à *Charles*-Albert-Désiré Le Vaillant de Bovent, né le 21 août 1822, à Lons-le-Saulnier, mort à Paris, le 15 juin 1892, décoré de l'ordre de Léon XIII, *Pro Ecclesia et Pontifice,* le 30 décembre 1888, fils d'Albert Le Vaillant de Bovent, ingénieur des ponts et chaussées, chevalier de la Légion d'honneur, et de Valentine Bibault d'Omancourt. Il n'y a pas eu d'enfants de ce mariage.

3° *Adrienne,* née le 17 novembre 1828, morte le 27 octobre 1887, à Tarbes (Hautes-Pyrénées). Entrée dans l'ordre des Filles de la Charité de Saint-Vincent-de-Paul sous le nom de sœur Augustine, le ... octobre 1857, et a pris le saint habit le ... janvier 1859.

4° *Henri,* né le 12 mai 1831, ancien capitaine des mobiles de la Sarthe, épousa, le 20 novembre 1861, Marie-Amélie Daireaux, née le 17 mars 1845, morte le 5 janvier 1896.

De ce mariage :

A. Joseph-*Léon,* né le 19 mars 1864.

5° *Octave,* né le 13 avril 1832, mort à Noyant (Maine-et-Loire), le 23 décembre 1892, ancien officier dans la brigade auxiliaire du général Cathelineau, en 1870, épousa, le 10 mai 1859, Louise de la Motte-Baracé de Senonnes, née le 27 février 1840, fille d'Auguste de la Motte-Baracé, marquis de Senonnes, et d'Héloïse de Jourdan-Savonnières.

De ce mariage :

A. *Maxime,* né le 21 mars 1860. Élève à l'École spéciale militaire de Saint-Cyr, en 1881 ; officier-élève à l'École de cavalerie de Saumur, en 1883 ; sous-lieutenant au 14e chasseurs à cheval, en 1884 ; lieutenant au même régiment, en 1888 ; démissionnaire en 1894. Épousa à Paris, le 14 août 1890, *Jacqueline* Sangnier, née le 13 février 1871, fille d'Amédée Sangnier et de Marguerite Rigaud.

De ce mariage :

I. *Hervé,* né à Verdun (Meuse), le 14 janvier 1892 ;

II. *Anne,* née à Vienne (Isère), le 19 mai 1893.

[1] Léon, vicomte de Vaux, appartient à la famille de Noël Jourda, comte de Vaux, maréchal de France, qui fit la conquête de la Corse en 1769 et devint maréchal en 1785.

B. *Adrienne,* née le 16 décembre 1861, mariée à Noyant (Maine-et-Loire), le 17 août 1887, à *Léon*-Joseph-Marie Jourda, vicomte de Vaux de Foletier[1], capitaine d'infanterie, détaché au ministère de la guerre, chevalier de la Légion d'honneur, né le 2 septembre 1854, fils de Marie-Charles-Louis Jourda, vicomte de Vaux, capitaine de vaisseau, gouverneur du Sénégal, et de Marie-Thérèse de Roche de Longchamp.

De ce mariage :

I. *Louis*-Armand-Joseph-Marie de Vaux, né à Noyant, le 14 février 1889;

II. Marie-Joseph-Charles-*François* de Vaux, né à Noyant, le 28 juin 1893.

C. *René*-Charles-Louis, né le 19 mai 1866;

D. Joseph-*Christian,* né le 22 mai 1871, ex-maréchal des logis au 3e cuirassiers.

6° *Roger,* né à Beaumont-la-Ronce, le 18 avril 1833, mort à Panama (Amérique du Sud), le 4 octobre 1888. Engagé volontaire le 25 août 1854; nommé sergent le 6 juillet 1856, après avoir servi, devant Sébastopol, aux Enfants perdus, et y avoir été cité à l'ordre du jour. A quitté le service le 19 mai 1857. Lieutenant aux zouaves pontificaux; a pris part aux batailles de Castelfidardo et de Mentana. Capitaine aux mobiles d'Indre-et-Loire, le 17 août 1870; chef de bataillon au même corps, le 1er décembre 1870; lieutenant-colonel des mobiles de la Haute-Vienne. Nommé général de brigade à titre provisoire au mois de janvier 1871. Licencié le 31 décembre 1872. Il a fait la campagne d'Orient, de 1854 à 1856, et celle contre l'Allemagne, en 1870-1871. Il a été médaillé de Crimée, chevalier de l'ordre de Pie IX, médaillé de Castelfidardo, chevalier de la Légion d'honneur du 7 septembre 1871.

Il épousa à Chouzy (Loir-et-Cher), le 3 septembre 1872, *Pauline*-Wilhelmine Dubost, née à Paris, le 21 avril 1847, fille de Louis Dubost et de Louise Abat.

De ce mariage :

A. *Madeleine,* née à Saint-Cyr (Indre-et-Loire), le 22 août 1873, mariée à Paris, le 18 janvier 1893, à *Félix*-Marie-Alexandre Talansier.

De ce mariage :

Françoise Talansier, née à Oran, le 26 mars 1895.

B. *Hugues,* née à Chouzy (Loir-et-Cher), le 26 octobre 1874.

C. *Geneviève,* née à Saint-Cyr (Indre-et-Loire), le 5 mars 1876, mariée à Alger, le 15 novembre 1893, à *Joseph* Talansier.

De ce mariage :

I. *Paule* Talansier, née à Paris, le 21 août 1894, morte à Alger, le 7 août 1895;

II. *Solange* Talansier, née à Alger, le 9 novembre 1895, morte à Marvejols (Lozère), le ... octobre 1896.

7° *Ernest,* né le 26 octobre 1834, mort à Fondettes (Indre-et-Loire), le 8 septembre 1893. Marié à Langeais (Indre-et-Loire), le 21 août 1865, à *Marie*-Mélanie-Élisabeth Frion d'Hyencourt, née le 24 décembre 1848, fille de *Louis*-Denis-Antoine Frion d'Hyencourt, et d'*Élisabeth*-Barbe-Anastasie Saillet.

De ce mariage :

Charles-Joseph-Marie, né à Langeais (Indre-et-Loire), le 30 juillet 1867. Marié à Paris, le 18 juillet 1895, à Anne-Simonne-*Marie* de Malet, fille de Guillaume-François-Victor-*Jean,* marquis de Malet, et de *Magdeleine*-Émérance-Marie de Rougé, née le 27 mars 1874.

De ce mariage :

Magdeleine-Marie-Jeanne, née à Paris, le 30 mai 1896.

8° *Charles,* né le 28 novembre 1836, mort jeune.

9° *Maurice*, né le 16 janvier 1837, mort à Québec (Canada), le 21 octobre 1875.

A fait comme officier de chasseurs à cheval la campagne de 1870.

Il épousa en premières noces *Élisa* Armstrong, et en deuxièmes noces *Melitin* Stouvenel.

Il n'est pas né d'enfants de ces deux mariages.

10° *André,* né le 1er janvier 1847, à Beaumont-la-Ronce.

Sous-lieutenant aux mobiles d'Indre-et-Loire, en 1870.

Marié à Bordeaux, le 10 octobre 1871, à *Marie* de Peich-Gondrin, née le 10 septembre 1850, fille de François-André de Peich-Gondrin, et de Madeleine-Alexandrine-*Amélie* de Perpignat.

De ce mariage :

A. *Georges,* né à Idron (Basses-Pyrénées), le 11 décembre 1872. Entré dans les ordres en 1891.

B. *Gérard,* né à Idron, le 20 octobre 1875.

BRANCHE MARC-ANTOINE

Marc-Antoine de la Bonninière, comte de Beaumont, fils d'Anne-Claude de la Bonninière, comte de Beaumont, marquis de la Chartre, et de Marguerite Le Pellerin de Gauville, né à Beaumont-la-Ronce, le 23 septembre 1763, mort en 1830.

Premier page de S. M. le roi Louis XVI, en sa grande écurie, du 31 décembre 1777 au 1er avril 1784;

Capitaine au régiment de Lorraine-Dragons (depuis 9e dragons). le 22 juin 1784;

Pourvu d'une compagnie le 3 mars 1788;

Lieutenant-colonel le 22 juillet 1792;

Colonel le 7 août 1792 (au même régiment)[1];

Général de brigade le 4 avril 1795;

Général de division le 29 décembre 1802.

Marc-Antoine avait été créé comte de Beaumont par Napoléon Ier, avec un majorat d'un million, en Westphalie.

Il fut, sous l'empire, premier chambellan et ensuite premier écuyer de Madame, mère de l'empereur.

Après la paix de Tilsitt, il fut fait sénateur en même temps que le

[1] A Lyon, pendant la Terreur, le colonel de Beaumont ayant été incarcéré à la Force pour avoir refusé de prêter ses dragons pour les massacres de la place des Brottaux, ordonnés par le proconsul Collot d'Herbois, son régiment se souleva tout entier, entraîna les volontaires de l'Aude, et se porta avec eux à la prison. Ces troupes se rangèrent en bataille sur la place des Terreaux, vis-à-vis des lignes de l'armée révolutionnaire requises par Collot d'Herbois. Les troupes étaient près d'en venir aux mains, quand le général Ronsin conseilla au proconsul de renoncer à une lutte dont l'issue ne serait pas douteuse. Les dragons emmenèrent en triomphe leur colonel, et le régiment fut peu après envoyé avec lui à l'armée de Sambre-et-Meuse.

général Klein. L'empereur mit leur nomination à l'ordre du jour de l'armée, avec cette mention : « L'armée y verra une récompense. »

Au retour de la monarchie, le comte de Beaumont fut créé pair de France, le 4 juin 1814. Il était lieutenant général des armées du roi, grand-croix de la Légion d'honneur, chevalier de Saint-Louis, grand-croix de l'ordre du Mérite militaire de Bavière, commandeur de la Couronne de fer d'Autriche.

Il prit part à presque toutes les guerres de la république, du consulat et de l'empire, depuis le siège de Lyon jusqu'à la paix de Tilsitt. Il fit la campagne des Alpes avec le général de Montesquiou, ainsi que les brillantes campagnes d'Italie du général Bonaparte. Il se signala particulièrement à la deuxième affaire de Dégo, et commanda en chef la cavalerie française aux batailles de Castiglione et de Lodi. Il servit en Italie, sous le général Schérer, et fut grièvement blessé devant Vérone, en germinal an VII. Il se signala au passage du Mincio, sous Brune, les 5 et 6 nivôse an IX, et eut un cheval tué sous lui.

Pendant les grandes guerres de l'empire, en Autriche et en Prusse, il attira sur la division qu'il commandait un renom de bravoure et de parfaite discipline dont l'empereur et les bulletins officiels rendirent plusieurs fois témoignage. Dans la campagne d'Austerlitz, en particulier, le général de Beaumont rendit d'éclatants services.

A Donawerth, le 6 vendémiaire an XIV, il prit 1 500 grenadiers autrichiens, 6 pièces de canon et 4 drapeaux.

A Wertingen, deux jours après, il influa d'une manière décisive sur le gain de la bataille, et tailla en pièces un corps considérable, qui tenait en échec l'armée française. A la suite de plusieurs actions du même genre, le prince Murat, qui commandait en chef toute la cavalerie française, écrivait à l'empereur :

« Sire, plus d'obstacles qui arrêtent votre cavalerie, les bataillons mettent bas les armes devant elle. La division Beaumont a soutenu sa vieille réputation. »

A la suite de ces combats, l'empereur envoya 40 aigles à la division Beaumont.

En 1806, à la bataille de Pranslow, le général de Beaumont, par une manœuvre supérieure autant que par la bravoure de ses troupes, fit mettre bas les armes à 16 000 hommes, s'empara de 50 drapeaux, de 25 pièces de canon, et fit lui-même prisonnier le prince Auguste de Prusse, au milieu de son bataillon carré.

En 1808 et 1809, il commanda dans le Tyrol et le Worarlberg. Chargé de la pacification de ces pays, il déploya une modération, une habileté et un désintéressement qui lui méritèrent la reconnaissance des habitants et l'amitié du roi de Bavière.

Le général de Beaumont avait épousé, le 5 messidor an IX (25 juin 1801), *Julie*-Caroline-Charlotte Davout[1], fille majeure de Jean-François Davout, écuyer, seigneur de Vignes, et de Françoise-Élisabeth Minard.

Le général de Beaumont mourut le 4 février 1830, et Julie Davout, sa femme, le 23 avril 1846.

De ce mariage sont nés :

I. *Hector,* mort en bas âge;

II. *Joséphine,* morte en bas âge;

III. *Louis*-Napoléon, comte de Beaumont, pair de France, chevalier de la Légion d'honneur, né en mars 1808, mort le 27 septembre 1887, marié le 19 mai 1832 à Geneviève-*Adeline* Dupuytren, née le 16 août 1811, et morte le 22 janvier 1885, fille de Guillaume, baron Dupuytren, officier de la Légion d'honneur, chevalier de Saint-Wladimir et de Saint-Michel, et d'Eugénie-Geneviève Saint-Olive.

De ce mariage sont issus :

A. Louis-*Robert,* qui suivra;
B. Louis-*Frédéric,* qui suivra ;
C. *Edgar,* né en 1840, mort en 1845.

IV. Marc-*Adalbert* de la Bonninière de Beaumont, né en 1810, mort le ...

V. *Félicie*, née le 31 mai 1812, morte le 29 mars 1889. Mariée le 15 mai 1835 à Paul, vicomte de Carbonat de Sédières, fils de N..., baron de Carbonat, et de demoiselle *Myselie* de Sédières, fille de Louis-Marie-Joseph, comte de Lentilhac de Sédières, aide de camp de Monsieur, mort en émigration, lequel laissa par testament son nom aux enfants de sa fille.

De ce mariage sont issus :

1° *Paul*, né en 1836, mort en 1837;
2° *Marc,* né en 1837, mort en 1839;
3° *Aimé,* enseigne de vaisseau, né le 23 décembre 1840, mort le 27 octobre 1864;
4° *Albert*-Léon, officier d'infanterie de marine, né le 5 janvier 1842, mort en Cochinchine, le 7 avril 1865;
5° *Berthe*-Clémence, née le 8 avril 1843, mariée, le 18 mai 1864, à Ernest Renaudeau d'Arc, né le 4 décembre 1830, mort le 14 novembre 1894;

[1] Julie Davout était sœur du maréchal Davout, prince d'Eckmüll, duc d'Auerstaedt.

6° *Roger*-Paul, né le 22 novembre 1844, marié, le 30 novembre 1885, à Mathilde de Triana;

7° *Julie-Léonie,* née le 6 juillet 1846, mariée, le 2 août 1876, à Léon Varlet, né en octobre 1830;

8° *Fernand*-Louis, né le 23 septembre 1848, marié, le 3 décembre 1885, à Hortense Lannes, mort le 18 septembre 1895;

9° *Marie-Sarah,* née le 6 août 1850, épouse, le 5 mars 1877, Louis de Carbonat, né le 8 février 1850, mort le 17 décembre 1879;

10° *Louise,* née en août 1851, morte en 1852;

11° *Marc,* né le 23 janvier 1858.

VI. *Augusta,* morte en bas âge.

A. Louis-*Robert,* comte de Beaumont, né le 6 avril 1833, mort le 3 août 1895.

Élève à l'École spéciale militaire (Saint-Cyr) en 1850;

Sous-lieutenant de cavalerie en 1852 (1er carabiniers);

Lieutenant en 1856 (1er carabiniers);

Capitaine en 1861 (1er carabiniers, dragons de l'impératrice);

Chef d'escadron en 1870;

Lieutenant-colonel en 1874 (24e dragons);

Colonel en 1879 (4e chasseurs);

Général de brigade le 20 mars 1886 : a commandé la brigade de cavalerie du 7e corps d'armée et, en 1889, la 1re brigade de cuirassiers;

Admis en 1890, sur sa demande et par anticipation, au cadre de réserve;

Officier de la Légion d'honneur,

Commandeur de Charles III d'Espagne,

Commandeur du Dannebrog de Danemark,

Grand-croix de François-Joseph d'Autriche;

A fait la campagne de 1864, dans le Sud oranais, à l'état-major du général Deligny;

Campagne de 1870, à l'armée du Rhin : a pris part aux batailles de Borny, de Rézonville (promu chef d'escadron pour sa conduite à cette bataille); a pris part également à la bataille de Saint-Privat, aux combats de Noiseville et de Peltre;

Campagne contre la Commune, à l'armée de Versailles, comme officier d'ordonnance du général de Cissey, et a assisté à la plupart des combats livrés par le 2e corps;

Attaché à l'état-major du ministre de la guerre, général de Cissey;

Chargé de missions en Angleterre et en Corse;

Chef de la mission militaire envoyée en Autriche, en 1873.

Le général comte de Beaumont a épousé, le 14 mai 1864, *Jeanne*-Élisabeth-Marie de la Croix de Castries, née le ..., décédée le 2 mai 1891.

De ce mariage sont issus :

1° *Claude*-Marie-Geneviève, née le 11 avril 1865, mariée, le 4 mai 1885, à *Fernand*-Ferdinand-Gérard-Joseph, comte de Partz de Pressy, né le 3 octobre 1854, fils d'*Adolphe*-Charles-Marie, marquis de Partz de Pressy, et de *Gérardine*-Pauline-Armandine d'Alsace, d'où :

a. *Geneviève*-Marie-Gérardine, née le 27 janvier 1886;
b. *Marie*-Louise-Germaine, née le 16 mai 1887;
c. *Susanne*-Marie-Clotilde-Christine, née le 2 février 1889.

2° *Marc*-Louis, né le 18 mars 1869, sous-lieutenant au 12° hussards, marié, le 30 août 1894, à *Juliette*-Victorine-Émilie-Marie de Trédern, née le 29 septembre 1873, fille de Christian, vicomte de Trédern, et de Jeanne Say.

De ce mariage :

Élisabeth, née à Paris, le 27 février 1896.

B. Louis-Guillaume-*Frédéric,* vicomte de Beaumont, né le 26 décembre 1834.

Licencié en droit en 1855;

Nommé la même année attaché d'ambassade à Weimar;

Nommé successivement à Vienne et à Rome;

Troisième secrétaire, en 1861, aux États-Unis, et de là à Londres, puis à Rio-Janeiro;

Chargé d'affaires à la Plata, en 1867;

Détaché en mission spéciale pendant la guerre du Paraguay;

Deuxième secrétaire à Florence;

Rédacteur aux affaires étrangères en 1869, et la même année premier secrétaire à Darmstadt;

Capitaine de mobiles en 1870, à l'état-major du général Schmidt;

Attaché au général de Cissey pendant la guerre contre la Commune;

Consul général, en 1873, à Buda-Pesth;

Ministre plénipotentiaire en 1877.

Décorations :

Officier de la Légion d'honneur,
Officier de l'ordre de Pie IX,
Officier de la Couronne de fer d'Italie,
Chevalier du Sauveur de Grèce,
Grand-croix de François-Joseph d'Autriche.

BRANCHE DE FAYET

Marie-Françoise-Jeanne-Adélaïde de Beaumont, marquise de Fayet, née le 15 février 1765, morte le 22 février 1835, épousa, le 22 avril 1783, Jean-Baptiste-Alain-Catherine, marquis de Fayet.

De ce mariage :

A. *Amélie*-Honorine, qui suit;
B. *Adèle,* née le 6 novembre 1786;
C. *Armand,* qui suit;
D. *Hippolyte,* qui suivra;
E. *Félix,* qui suivra;
F. *Albert,* né en 1791, aide de camp du maréchal prince d'Eckmüll, tué à Hambourg, en 1813;
G. *Thaïs,* morte en bas âge;
H. *Léon,* né en 1796, mort le 16 avril 1822, sous-lieutenant aux grenadiers à cheval de la garde royale.

A. *Amélie*-Honorine de Fayet, née le 14 mai 1784, morte le 30 octobre 1867, épousa, le 25 août 1800, Anne-Guillaume Aubourg du Boury.

De ce mariage naquirent neuf enfants :

I. *Thaïs* de Boury;
II. *Eugène* de Boury, qui suit;
III. *Léonide* de Boury, qui suit;
IV. *Adèle* de Boury, née le 18 septembre 1808, morte le 10 octobre 1808;
V. *Fernand* de Boury, qui suit;
VI. *Armande* de Boury, née le 15 mars 1812, morte le 1er octobre 1814;

VII. *Félicie* de Boury, née le 7 décembre 1818, morte le 12 août 1819;
VIII. *Charles* de Boury, né le 3 juin 1821, mort le 3 août 1821;
IX. *Octave* de Boury, qui suit.

I. *Thaïs* de Boury, née le 25 novembre 1802, morte le 15 juillet 1856, épousa, le 27 novembre 1826, Frédéric *de Gadancourt,* né en 1795, mort le 27 janvier 1848.

De ce mariage il n'y eut qu'un enfant :

Mathilde de Gadancourt, née le 2 septembre 1827, et qui épousa, le 13 décembre 1847, son oncle, *Octave* de Boury, dont l'article viendra plus loin.

A la mort de son mari, Thaïs de Gadancourt entra, en 1850, au monastère de la Visitation, où elle mourut.

II. *Eugène* de Boury, né le 9 juillet 1804, mort le 3 septembre 1881, épousa, le 11 juin 1838, Caroline de Vaugiraud, morte le 7 mai 1876.

De ce mariage quatre enfants :

1° *Raoul* de Boury, né le 27 avril 1839, mort le 24 mai 1864;

2° *Alberte* de Boury, née le 5 juin 1841, épousa, le 19 janvier 1865, *Henri* de Marbais, dont :

a. *Jeanne* de Marbais, née le 14 mai 1866, entrée au Sacré-Cœur en 1893;

b. *Berthe* de Marbais, née le 30 octobre 1868, épousa, le 12 mai 1890, *Louis*-Gaston, vicomte de Beaussier, mort au château de Caratel, le 9 février 1896, dont :

1. *Geneviève* de Beaussier, née en 1891;
2. *Ladislas* de Beaussier, né le 22 février 1894;

c. *Albane* de Marbais, née le 7 février 1872, mariée à Paris, le 28 avril 1896, à *Henri* de Malezieux du Hamel, capitaine au 64e de ligne.

3° *Noémi* dé Boury, née le 15 janvier 1844, épouse, le 21 juin 1866, *Édouard* Zentz d'Alnois.

Il y a eu quatre enfants de ce mariage :

a. *Renée* Zentz d'Alnois, née le 17 novembre 1867, épouse, le 21 février 1889, *Robert,* vicomte de Civille.

De ce mariage :

1. *Odette* de Civille, née le 17 mai 1890;
2. *Madeleine* de Civille, née en 1891;
3. *Anne* de Civille, née le 23 février 1893.

b. *Raoul* Zentz d'Alnois, né le 26 février 1869, lieutenant au 12e chasseurs;

c. *Marie* Zentz d'Alnois, née le 24 mai 1870, épouse, le 26 novembre 1889, *Henri,* baron Bro de Comères.

De ce mariage :

1. *Noémi* Bro de Comères, née le 24 octobre 1890;
2. *Olivier* Bro de Comères, né le 28 mars 1894.

d. *Noémi* Zentz d'Alnois, née le 3 décembre 1872, épouse, le 19 novembre 1892, *Jacques* de Montgeon.

4° *Octave-Olivier* de Boury, né le 15 décembre 1848, mort au château de Clarens, le 30 août 1896, épouse, le 10 février 1880, *Édith* de Clarens, née le ... décembre 1854.

De ce mariage :

a. *Geneviève* de Boury, née le 18 mars 1881 ;
b. *Raoul* de Boury, né le 30 janvier 1883.

III. *Léonide* de Boury, née le 26 mars 1807, morte le 20 mai 1878, épouse, le 16 février 1829, César Choppin de Seraincourt.

De ce mariage trois enfants :

1° *Cécile* de Seraincourt, née le 30 janvier 1830, morte le 20 octobre 1870;

2° *Marie* de Seraincourt, née le 6 avril 1837;

3° *Albert* de Seraincourt, né le 8 avril 1839, mort le 5 juillet 1882, épouse, le 30 janvier 1872, *Alice* Lescanne, née le 27 mars 1852.

De ce mariage sont issus cinq enfants :

a. *Marc* de Seraincourt, né le 16 décembre 1872;
b. *Yvonne* de Seraincourt, née le 22 octobre 1876, morte le 30 janvier 1877; } jumelles;
c. *Jeanne* de Seraincourt, née le 22 octobre 1876, morte le 8 avril 1877; } jumelles;
d. *Gaëtan* de Seraincourt, né le 28 février 1878;
e. *Adhémar* de Seraincourt, né le 27 octobre 1880.

IV. *Adèle* de Boury, née le 18 septembre 1808, morte le 10 octobre 1808.

V. *Fernand* de Boury, né le 21 février 1810, mort le ... épouse, le 27 décembre 1838, *Céligne* de Guerny, née en 1810, morte le 1er janvier 1893.

De ce mariage sont issus dix enfants :

1° *Marie* de Boury, née le 8 octobre 1839;

2° *Amélie* de Boury, née le 8 août 1841, morte visitandine, en 1861;

3° *Léon* de Boury, né le 23 décembre 1842, mort le 21 juin 1846;

4° *Odile* de Boury, née le 29 mai 1844, épouse, le 29 novembre 1871, *Léopold* de Guerny, né le 27 juin 1840.

De ce mariage sont issus huit enfants :

a. *Charles* de Guerny, né le 10 septembre 1872, mort le 8 décembre 1873 ;
b. *Amélie* de Guerny, née le 26 mars 1874 ;
c. *Robert* de Guerny, né le 8 décembre 1875 ;
d. *Marie-Thérèse* de Guerny, née le 2 novembre 1877 ;
e. *Guillaume* de Guerny, né le 3 septembre 1879 ;
f. *Berthe* de Guerny, née le 16 août 1882 ;
g. *Henry* de Guerny, né le 1er octobre 1884 ;
h. *Yvonne* de Guerny, née le 22 mai 1887.

5° *Berthe* de Boury, née le 20 octobre 1845, morte le 24 mai 1880, épouse, le 20 août 1872, Édouard *de Longes,* né le 14 juin 1831 : pas de postérité ;

6° *Clotilde* de Boury, née le 8 août 1847, épouse, le 17 juillet 1871, *Edmond* d'Anserville.

Sept enfants sont issus du mariage :

a. *Marie* d'Anserville, née le 16 juin 1872, morte le 12 janvier 1873 ;
b. *Pierre* d'Anserville, né le 12 mai 1874 ;
c. *Marguerite* d'Anserville, née le 13 juin 1876 ;
d. *Élisabeth* d'Anserville, née le 27 mars 1878 ;
e. *Anne-Marie* d'Anserville, née le 27 mai 1880 ;
f. *Henri* d'Anserville, né le 21 mars 1884 ;
g. *Béatrix* d'Anserville, née le 16 avril 1890.

7° *Léon* de Boury, né le 18 août 1849, mort le 20 juin 1851 ;

8° *Ernest* de Boury, né le 12 février 1851, mort le 25 février 1851 ;

9° *Louise* de Boury, née le 6 février 1853, morte le 13 juin 1889, épouse, le 27 décembre 1882, *Édouard* de Longes, son beau-frère.

De ce mariage :

a. *Marcelle* de Longes, née le 2 septembre 1885 ;
b. *François* de Longes, né le 29 mai 1889.

10° *Valentine* de Boury, née le 6 novembre 1855, épouse, le 25 octobre 1881, *Albert* Laubry.

VI. *Armande* de Boury, née le 15 mars 1812, morte le 1er octobre 1814.

VII. *Félicie* de Boury, née le 7 décembre 1818, morte le 12 août 1819.

VIII. *Charles* de Boury, né le 3 juin 1821, mort le 3 août 1821.

IX. *Octave* de Boury, né le 18 septembre 1824, épouse, le 13 décembre 1847, sa nièce, *Mathilde* de Gadancourt, née le 2 septembre 1827.

De ce mariage sont issus cinq enfants :

1° *Guillaume* de Boury, né le 17 mars 1849, épouse, le 6 juin 1881, *Louise* Perrot de Chazelle, née le 24 octobre 1859, dont :
  a. *Joseph* de Boury, né le 1er avril 1890.

2° *Marthe* de Boury, née le 29 septembre 1850, épouse, le 23 octobre 1872, *Henri* de Cournon, dont :
  a. *Raoul* de Cournon, né le 21 mai 1875 ;
  b. *Maurice* de Cournon, né le 7 juillet 1877 ;
  c. *Marie* de Cournon, née le 9 février 1880, morte le 13 mars 1880.

3° *Paul* de Boury, né le 2 janvier 1853, mort le 12 février 1853 ;

4° *Eugène* de Boury, né le 2 juillet 1855, épouse, le 14 février 1882, *Jeanne* Le Bastier de Théméricourt, née le 14 octobre 1861, dont :
  a. *Madeleine* de Boury, née le 29 décembre 1882 ;
  b. *Marguerite* de Boury, née le 20 avril 1887.

5° *Thaïs* de Boury, née le 22 janvier 1859, morte le 23 avril 1859.

B. *Adèle* de Fayet, née le ... 1786, décédée le ..., épousa, le ... 1810, *Victor* de Dompierre d'Hornoy, né le ... 1775, mort le 17 mai 1845.

De ce mariage :

I. *Gaston* d'Hornoy, né le 1er novembre 1812, mort le 11 août 1873 ;
II. *Arthur* d'Hornoy, né le 25 janvier 1814, mort le ... 1828 ; } jumeaux ;
III. *Albéric* d'Hornoy, né le 25 janvier 1814 ; } jumeaux ;
IV. *Albert* d'Hornoy, né le 24 février 1816 ;
V. *Charles* d'Hornoy, né le ... 1821, tué à Sébastopol, le 7 septembre 1855.

I. *Gaston* de Dompierre d'Hornoy, né le 1er novembre 1812, mort le 11 août 1873, épousa, le 24 avril 1842, *Hermance* Lenoir de Becquincourt, née le 1er juin 1823.

De ce mariage :

1° *Adèle* d'Hornoy, née le 17 février 1843, religieuse au Sacré-Cœur ;
2° *Aline* d'Hornoy, née le 3 mai 1846, morte le 9 mai 1873 ;

3° *Léonie* d'Hornoy, née le 15 octobre 1852, mariée le 25 avril 1891, à *Ambroise* de Glos, né le 18 janvier 1847, d'où :
- a. *Dominique* de Glos, né le 3 décembre 1872, enseigne de vaisseau;
- b. *Gaston* de Glos, né le 21 janvier 1875;
- c. *Aline* de Glos, née le 24 octobre 1877;
- d. *Marie-Antoinette* de Glos, née le 1er avril 1879.

III. *Albéric* de Dompierre d'Hornoy, né le 25 janvier 1814, épousa, le 19 juillet 1841, *Julie* Fiévé, née en 1820, morte le 28 mars 1880.

De ce mariage :

1° *Victor* d'Hornoy, né le 23 juillet 1842, mort le 12 janvier 1892, marié, le 16 mai 1868, à *Léonie* de Gransire, née le 28 avril 1844, dont :
- a. *Yvonne* d'Hornoy, née le 16 juillet 1880, mariée, le 20 août 1891, au comte de Fontanges;
- b. *Agnès* d'Hornoy, née le 1er mai 1872, mariée, le 9 juillet 1895, au vicomte de Peloux;
- c. *Yolande* d'Hornoy, née le 26 janvier 1877;
- d. *Jéhan* d'Hornoy, né le 3 septembre 1888.

2° *Léontine*-Marie d'Hornoy, née le 20 février 1845, morte le 20 mai 1846;

3° *Léon* d'Hornoy, né le 26 janvier 1847, mort le 12 mars 1859;

4° *Marie* d'Hornoy, née le 26 juin 1849, morte le 21 décembre 1866;

5° *Berthe* d'Hornoy, née le 30 mai 1853, épouse, le 18 mai 1875, *Emmanuel* Teilhard de Chardin.

De ce mariage :
- a. *Albéric* Teilhard de Chardin, né le 7 mars 1876;
- b. *Marie-Gabrielle* Teilhard de Chardin, née le 23 avril 1877, morte le 23 janvier 1881;
- c. *Françoise* Teilhard de Chardin, née le 4 mai 1879;
- d. *Pierre* Teilhard de Chardin, né le 1er mai 1881;
- e. *Marguerite-Marie* Teilhard de Chardin, née le 18 mars 1883;
- f. *Gabriel* Teilhard de Chardin, né le 15 avril 1885;
- g. *Olivier* Teilhard de Chardin, né le 23 avril 1887;
- h. *Joseph* Teilhard de Chardin, né le 8 août 1889;
- i. *Louise* Teilhard de Chardin, née le 2 novembre 1891;
- j. *Gonzague* Teilhard de Chardin, né le ... novembre 1893.

6° *Louise* d'Hornoy, née le 25 février 1862.

IV. *Albert* de Dompierre d'Hornoy, né le 24 février 1816, vice-amiral, ancien ministre de la marine, sénateur, grand-officier de la Légion d'honneur, marié, le 17 mai 1859, à *Cécile* de Bastard, née en 1830, décédée le 25 décembre 1879.

De ce mariage :

1° *Yvonne* d'Hornoy, née le 1er novembre 1860, mariée, le 6 juillet 1880, à *Gaston,* vicomte de Saporta.

De ce mariage :

Jeanne de Saporta, née le 21 septembre 1881, morte le 25 août 1885.

2° *Charles* d'Hornoy, officier de marine, né le... novembre 1861, marié, le ... juillet 1893, à *Juliette* d'Abancourt, née le 12 août 1873.

De ce mariage :

a. Simone d'Hornoy, née le 3 juillet 1894;

b. Marie d'Hornoy, née le 23 août 1895;

c. Henri d'Hornoy, né à Paris, le 6 novembre 1896.

3° *Thérèse* d'Hornoy, née le ... 18...;

4° *Henri* d'Hornoy, né le ... 18..., mort le ...

C. *Armand,* marquis de Fayet, né le 13 janvier 1787, chef d'escadron, aide de camp du maréchal Davout, prince d'Eckmüll, chevalier de Saint-Louis, officier de la Légion d'honneur, mort le 20 août 1872, épousa, le 29 janvier 1811, *Pauline* de la Bonninière de Beaumont, sa cousine germaine, dont il eut :

1° Marie-*Anatole,* née le 16 novembre 1811, morte le 7 juillet 1884, mariée, le 2 septembre 1833, à Louis-Charles-Marie-*Gaston* de Malet de Cramesnil, marquis de Graville : pas de postérité;

2° *Mathilde,* morte en bas âge.

D. *Hippolyte,* comte, puis marquis de Fayet, né le 28 mai 1788, mort le 4 mai 1884, chevalier de Malte de minorité, chef d'escadron aux lanciers de la garde royale, chevalier de Saint-Louis, officier de la Légion d'honneur, épousa, le 5 mai 1825, Marie-*Natalie* de Chabrol-Tournoël, dont il eut :

I. *Léon,* né le 16 août 1826, épousa, le 5 juillet 1859, *Marie* de Prunelé, dont :

a. Isabelle, née le 30 octobre 1860, morte le 2 novembre 1861;

b. Clotilde, née le 21 octobre 1861, morte le 14 septembre 1862;

c. Marguerite, née le 20 février 1865;

d. Madeleine, née le 19 septembre 1868, morte le 3 mai 1890.

II. *Gustave*-Pierre, vicomte de Fayet, né le 1er janvier 1829, mort le 8 octobre 1879, lieutenant-colonel d'état-major, officier de la Légion d'honneur, chevalier de Léopold de Belgique, décoré de la médaille de la Valeur de Savoie, chevalier de Notre-Dame de Guadalupe, décoré de la médaille militaire d'Italie et de celle du Mexique, épousa, le 8 octobre 1867, *Marie*-Yvonne-Gabrielle-*Victorine* de Gaudechart.

De ce mariage :

a. *Geneviève*-Yvonne-Marie-Nathalie de Fayet, née le 7 mai 1869, morte le 18 mars 1892, mariée, le 5 mars 1891, à *Renaud*-Victor-Gérard, comte de Chérisey, d'où naquit : *Henri*-Marie-Gérard-Gustave de Chérisey, né le 14 mars 1892 ;

b. Adélaïde-Marie-*Simone* de Fayet, née le 17 février 1871, morte le 13 novembre 1872 ;

c. Anatole-Louise-*Marie-Blanche* de Fayet, née le 15 novembre 1872 ;

d. Anne-Marie-Léonie-Victoire-*Yolande* de Fayet, née le 18 mars 1875.

III. *Marie* de Fayet, née le ... septembre 1832, morte le 7 mars 1864, mariée, le ... mai 1854, à *Félix*-François-Louis-Philippe, vicomte de Roussy de Sales, chevalier de la Légion d'honneur, chevalier des Saints-Maurice-et-Lazare, commandeur du Lion et du Soleil de Perse, premier secrétaire de l'ambassade de France à Berlin, né le ..., mort le ...

De ce mariage :

a. *Pauline* de Roussy de Sales, née le 29 mai 1855, mariée le ..., à *César*, comte de Pontgibaud : sans postérité ;

b. *François* de Roussy de Sales, né le 1er octobre 1860, mort le 25 novembre 1861.

E. *Félix*, vicomte de Fayet, né le 16 mai 1789, mort le 17 mai 1859, chevalier de Malte, chevalier de Saint-Louis, officier de la Légion d'honneur, colonel d'infanterie, démissionnaire en 1830, épousa, en 1817, Marie-Félicité-Octavie de Lhomme de Morsent, née le 4 mars 1796, morte le 6 janvier 1838.

De ce mariage plusieurs enfants morts en naissant, puis :

I. *Maxime* de Fayet, né en 1822, mort en 1823 ;

II. *Henri*-Jules, comte de Fayet, qui suit ;

III. *Alix* de Fayet, née le 5 mars 1829, morte le 14 septembre 1845.

II. *Henri*-Jules, comte de Fayet, né le 3 septembre 1827, épousa, le 22 mai 1854, *Noémi*-Marie Le Pesant de Boisguilbert.

De ce mariage :

1° *Alix*-Marie-Clémence-Félicie de Fayet, née le 5 mars 1855;

2° *Yvonne*-Marie-Pauline-Augustine de Fayet, née le 3 octobre 1856, mariée, le 5 juin 1878, à *Paul*-Henri-Camille baron Féray, chef d'escadron d'artillerie, chevalier de la Légion d'honneur, dont :

a. Noémi-Marie-Henriette-*Camille* Féray, née le 21 avril 1879;

b. *Adrienne*-Marie-Aglaé-Eulalie Féray, née le 21 mai 1881;

c. *Louis*-Marie-Henri-Maxime Féray, né le 11 mai 1884;

d. *Jeanne*-Marie-Alix-Françoise Féray, née le 9 novembre 1885;

e. *Marie*-Camille-Octavie Féray, née le 21 mars 1891;

f. *Marcelle*-Marie-Paule Féray, née le 8 janvier 1893;

3° *Maxime*-Marie-Georges-Alexandre, vicomte de Fayet, né le 30 septembre 1858, lieutenant de chasseurs à cheval, démissionnaire, marié au château des Rochères (Mayenne), le 24 octobre 1895, à *Marie* de Viennay.

De ce mariage :

Alain de Fayet, né au château du Breuil, le 23 juillet 1896.

4° *Marie*-Natalie-Charlotte de Fayet, née le 30 mai 1860;

5° *Clémence*-Marie-Octavie-Anne de Fayet, née le 30 septembre 1861;

6° *Octavie*-Louise-Marie-Julie de Fayet, née le 26 avril 1865, mariée, le 12 mai 1885, à *Raymond* Le Marchand, né le 29 août 1859.

Enfants issus de ce mariage :

a. *Henri* Le Marchand, né le 8 avril 1886, mort le 19 avril 1887;

b. *Henri*-Marie Le Marchand, né le 23 avril 1888;

c. *Georges*-Marie Le Marchand, né le 15 août 1889.

7° *Henriette*-Marie-Léontine de Fayet, née le 21 décembre 1871.

BRANCHE DE SAINT-DENIS

Marie-Madeleine-*Élisabeth* de Beaumont, née le 26 mars 1766, morte le 16 octobre 1864, épouse, le 5 octobre 1789, Anne-Philippe-Charles-Toussaint Hurault, comte de Saint-Denis, capitaine au régiment Dauphin-Cavalerie, fils aîné de Raoul-Marc Hurault, marquis de Saint-Denis, seigneur de Faye, la Boue, Villeluisant, etc., chevalier de Saint-Louis, ancien capitaine au régiment de Dragons-Caraman, et de Catherine-Marie-Madeleine Marchant de Verrières.

De ce mariage :

1° *Élisa* de Saint-Denis, née le ..., morte le ...;

2° *Octavie* de Saint-Denis, née le ..., morte le ..., sans alliance;

3° *Charles* de Saint-Denis, né le ..., mort le ..., sans alliance.

Élisa de Saint-Denis, née le ..., morte le ..., épouse, le ..., Auguste-*Ferdinand,* comte de Beaucorps-Créquy, capitaine au 1er régiment de grenadiers à cheval de la garde royale, chevalier de Saint-Louis, officier de la Légion d'honneur, fils de Pierre-Louis, comte de Beaucorps, et de Charlotte de Milon de Mesme.

De ce mariage :

A. *Anna*-Émilie, née le ... octobre 1813;

B. Louise-*Léa,* née le ...;

C. *Raoul,* né le 14 janvier ..., mort sans alliance, le ... 1855;

D. *Mathilde*-Aglaé, née le 25 août 1820.

A. *Anna*-Émilie de Beaucorps, née en octobre 1813, épouse, le 9 octobre 1834, James-Philippe-Martin de Marolles, officier aux cuirassiers de la garde royale, né en 1800, mort le 30 décembre 1888.

De ce mariage :

I. *Gaston* de Marolles, né le 28 juillet 1835;
II. *René* de Marolles, né en août 1838;
III. *Angèle* de Marolles, née en octobre 1845.

I. *Gaston* de Marolles, né le 28 juillet 1835, épouse, le 25 mai 1865, *Marie* de Bourgogne-Herlaër, née le 14 avril 1839.

De ce mariage :

1° *Charles* de Marolles, né le 5 octobre 1867;
2° *Anna* de Marolles, née le 13 décembre 1874, mariée, le 10 avril 1894, à *Louis*-Martin de la Bastide, lieutenant au 18e cuirassiers;
3° *Philippe* de Marolles, né le 12 décembre 1875.

II. *René* de Marolles, né le ... août 1838, épouse, le 24 octobre 1864, *Athénaïs* de Saint-Martin, née le ... avril 1841.

De ce mariage :

1° *Gaston* de Marolles, né le 25 octobre 1865, lieutenant de hussards, marié, le ... avril 1895, à *Augustine* du Moulin de Poullod;
2° *Henri* de Marolles, né le 24 décembre 1866, lieutenant de dragons;
3° *Fernand* de Marolles, né le 15 décembre 1868, lieutenant de chasseurs;
4° *Robert* de Marolles, né le 6 juillet 1872;
5° *Geneviève* de Marolles, née le 15 février 1877.

III. *Angèle* de Marolles, née le 27 octobre 1845, mariée, le 18 octobre 1875, au marquis Desmiers de Chenon : pas de postérité.

B. Louise-*Léa* de Beaucorps-Créquy, née le 6 août 1817, épouse, le 11 janvier 1840, *Anselme*-Louis-Richard-Fidèle, comte de Monspey, né le 28 mars 1811, mort le 18 juin 1895.

De ce mariage :

I. Marie-*Mathilde* de Monspey, née le 20 janvier 1841, morte religieuse, le 23 février 1864;
II. Marie-*Louis*-Élysée de Monspey;
III. Marie-*Alice* de Monspey.

II. Marie-*Louis*-Élysée, comte de Monspey, né le 25 février 1844, mort le 1er décembre 1881, marié, le 19 août 1874, à Marie-Marthe de Brullemail, dont :

Henri de Monspey, né le 19 mai 1876.

III. Marie-*Alice* de Monspey, née le 2 février 1847, mariée, le 5 octobre 1869, à François-Raoul de Brach.

De ce mariage :

Marie-*Pierre*-Gustave de Brach, né le 12 juillet 1870, marié, le 6 juin 1895, à *Marie-Antoinette* de Chemereau de Saint-André.

D. *Mathilde*-Aglaé de Beaucorps-Créquy, née le 25 août 1820, mariée, à Saint-Denys, le 29 avril 1844, à *Henri*-Marie, comte de Beaucorps, son oncle à la mode de Bretagne, mort le 20 janvier 1897.

De ce mariage sont issus cinq enfants :

I. *Léa* de Beaucorps, morte enfant;

II. *Fernand* de Beaucorps, mort enfant;

III. Marie-Josèphe-*Éveline* de Beaucorps;

IV. Marie-Josèphe-*Yolande* de Beaucorps;

V. Marie-Joseph-*Yvan* de Beaucorps.

III. Marie-Josèphe-*Éveline* de Beaucorps, née le 19 mars 1847, au château de Parençay (Charente-Inférieure), mariée le 4 février 1864, au château de Saint-Denys, à *Alfred,* baron de Saint-Geniès.

De ce mariage trois enfants :

1° *Édith* de Saint-Geniès, née à Saint-Jean-d'Angély, le 6 juillet 1865;

2° *Bernadette* de Saint-Geniès, née au château de Beauséjour, le 1er janvier 1871, mariée, le 17 juin 1890, à *John* Rock;

3° *Henri*-Julien de Saint-Geniès, né au château de Beauséjour, en 1872.

IV. Marie-Joseph-*Yolande,* née au château de Parançay, le 18 septembre 1849, mariée le 4 novembre 1873, au château de Saint-Denys, à *Charles*-Louis, comte Aymer de la Chevalerie.

De ce mariage un enfant :

Henriette-Radegonde-Marie-Joseph-*Marguerite* Aymer de la Chevalerie, née au château de Saint-Denys, le 9 septembre 1874.

V. Marie-Joseph-*Yvan,* vicomte de Beaucorps-Créquy, né au château de Parançay, le 3 décembre 1851, marié le 24 avril 1884, à *Laura*-Frances-Helen Cannon, née le 27 septembre 1861, à Londres, fille de Robert Cannon, général au service de S. M. la reine d'Angleterre, et d'Emma Bevor-Ronald.

De ce mariage :

1° Marie-Joseph-*Isabelle*-Emma de Beaucorps, née à Saint-Denys, le 11 mars 1885;

2° Marie-Joseph-*Yolande* de Beaucorps, née à Saint-Denys, le 26 avril 1886.

BRANCHE CHARLES

Le comte Charles de la Bonninière de Beaumont, né à Beaumont-la-Ronce, le 6 juin 1768, décédé au château de la Motte, commune de Sonzay (Indre-et-Loire), le 9 mars 1836.

Reçu de minorité au grand prieuré d'Aquitaine, ordre de Saint-Jean-de Jérusalem, en 1782, et au grand prieuré de France, en 1786. Décoré chevalier de Malte, le 16 décembre 1783, et autorisé à porter la croix d'or de l'ordre de Saint-Jean de Jérusalem, le 9 décembre 1814.

A fait ses caravanes en 1788.

Obtint, le 20 décembre 1789, du supérieur de l'ordre de Malte, un congé pour repasser en France, qu'il quitta en 1791, pour se conformer à la condition formelle et expresse de retourner à Malte avant l'expiration de trois années à partir de la date de ce congé.

Compris sur la liste des émigrés arrêtée par le département d'Indre-et-Loire, le 8 février 1793. Il fut rayé de ladite liste comme affilié à un ordre étranger avant 1789, arrêté des consuls de la république du 3 messidor an IX (22 juin 1801). — Extrait du registre des actes de la préfecture d'Indre-et-Loire du 7 nivôse an X (28 décembre 1801).

Premier page de la reine Marie-Antoinette;

Capitaine au régiment de la Reine-Dragons;

Promu colonel le 29 novembre 1814, fut chef de l'état-major de la place de Paris, puis commandant supérieur de l'École militaire;

Député et membre du conseil général du département d'Indre-et-Loire;

Chevalier de l'ordre royal et militaire de Saint-Louis, le 30 août 1814;

Chevalier de l'ordre royal de la Légion d'honneur, le 13 octobre 1814;

Officier le 25 novembre 1814,

Commandeur le 1er mai 1821.

Il épousa en premières noces, à Londres (ce mariage a été transcrit sur les registres de l'état civil de la commune de Beaumont-la-Ronce, le 9 vendémiaire an XII [2 octobre 1803]), *Marie-Louise* Hillisberg, fille de John-William Hillisberg et de Mary-Jane Debled, dont il eut une fille, Marie-Charlotte, dont il sera ultérieurement parlé.

En deuxièmes noces (le contrat de ce mariage fut passé devant Me Guillaume, notaire à Paris, le 3 novembre 1806) il épousa, à Versailles, ce même jour, et à Paris, paroisse Saint-Roch, le 4 novembre 1806, Adèle-Joséphine-Léonilde d'Estiennot de Vassy, née à Paris, le 11 mars 1782, décédée au château de Mazières, commune de Notre-Dame-d'Oë (Indre-et-Loire), le 15 mai 1862, veuve en premières noces d'Antoine-Bernard d'Eu de Montdenois, fille d'Antoine-Louis-Georges-Marie d'Estiennot, comte de Vassy, et de Marie-Charlotte Oré, dont il eut deux enfants : Anne-Charles-Alfred, dont il sera question plus tard, et Édouard-Ferdinand, que nous mentionnerons à son rang.

I. Marie-Charlotte de la Bonninière de Beaumont, née à Londres, en 1794, décédée le 26 juin 1881, à la Dorée, près Esvres (Indre-et-Loire), mariée le 5 décembre 1814, au château de la Motte-Sonzay, à Alexandre-Pierre, comte Odart de Rilly, né le 1er mai 1778, décédé le 18 août 1866, fils de Claude-Henri Odart, chevalier, seigneur de Rilly, Louzillière, Beauregard, Jaumeray, etc., et de Jeanne-Amable Chabert de Praille.

Alexandre-Pierre, comte Odart de Rilly, était chevalier de la Légion d'honneur, vice-président de la Société d'agriculture, sciences, arts et belles-lettres du département d'Indre-et-Loire.

De ce mariage sont issus trois enfants :

A. Léontine-Charlotte-Émilie-Marthe Odart de Rilly, née en 1815, morte en 1831 ;

B. *Amélie*-Henriette-Adèle Odart de Rilly, qui suit ;

C. Gustave-Armand Odart de Rilly, né le 14 avril 1819, officier de marine, chevalier de la Légion d'honneur.

B. *Amélie*-Henriette-Adèle Odart, née le 1er février 1818, morte au château de Blanchamp, le 5 septembre 1896, épousa, le 18 avril 1838, *Prosper* Confex de Neuilly, ancien officier de marine, né le 5 janvier 1803, décédé à Tours, le 7 avril 1884.

De ce mariage sont issus deux enfants :

1° Marie-*Marguerite* Confex de Neuilly, née le 19 mars 1839, mariée, le 9 novembre 1868, à *Louis*-Guy, baron Blancard, capitaine d'artillerie en retraite, chevalier de la Légion d'honneur, né le 7 mars 1829, décédé le 20 mars 1893, à Menton (Alpes-Maritimes), fils d'Amable-Guy, baron Blancard, lieutenant-général de cavalerie, commandeur de la Légion d'honneur, chevalier de Saint-Louis et de la Couronne de Fer, né en 1774, mort en 1853, et de Louise-Pierrette-Marie Rigaud de Lisle, née en 1799, morte le 6 janvier 1878;

2° Marie-*Louise*, qui suit.

2° Marie-*Louise* Confex de Neuilly, née le 12 juin 1842, mariée, le 21 décembre 1863, à Frédéric-Timoléon-Louis-*Henri*, comte de la Taille-Trétinville, né le 27 mars 1842, fils de Frédéric-Timoléon de la Taille-Trétinville[1], né en 1803, mort le 16 janvier 1851, et de Cécile-Geneviève-Emma Guyon de Montlivault, née le 11 janvier 1817, décédée le 8 mai 1873.

De ce mariage sont issus onze garçons :

a. Marie-Henri-*Frédéric* de la Taille-Trétinville, né le 3 février 1865, entré à l'École navale en 1882, lieutenant de vaisseau, marié le 22 juin 1892, à Toulon, à *Marie-Anne* Noël, fille de Georges-Henri-Charles Noël, capitaine de frégate en retraite, chevalier de la Légion d'honneur, et de Marie Parmentier;

b. Marie-Aimé-*Jacques*-Louis de la Taille-Trétinville, né le 23 octobre 1866, entré à Saint-Cyr en 1887, lieutenant de cavalerie, marié à Bordeaux, le 23 avril 1894, à *Hélène* Oberkampf.

De ce mariage :

Éliane de la Taille-Trétinville, née à Libourne, le 4 novembre 1895.

c. Marie-Henri-Ernest-*Robert* de la Taille-Trétinville né le 5 juin 1868, entré à Saint-Cyr en 1889, lieutenant de cavalerie, marié, le 10 juillet 1895, à Marie-Marguerite-Alexandrine Valdelièvre;

d. Marie-Henri-*Olivier* de la Taille-Trétinville, né le 3 juin 1870, marié, le 22 octobre 1894, à *Lilian* Troubridge;

e. Marie-Louis-*Timoléon* de la Taille-Trétinville, né le 14 septembre 1871, de la Compagnie de Jésus;

f. Marie-Henri-*Maurice* de la Taille-Trétinville, né le 30 novembre 1872, de la Compagnie de Jésus;

g. Marie-Louis-*Jean* de la Taille-Trétinville, né le 24 juillet 1874;

h. Marie-Gabriel-*François* de la Taille-Trétinville, né le 5 janvier 1876;

[1] Le chevalier de la Taille-Trétinville, père de Frédéric-Timoléon, était lieutenant de vaisseau au moment de la Révolution, et fit partie de l'expédition de Quiberon, dont il fut un des rares survivants. Il eut deux fils, dont l'aîné, le comte de la Taille-Trétinville, capitaine à l'armée de Condé, ne laissa qu'une fille. Le comte Henri de la Taille se trouve être actuellement le seul représentant du nom, par suite de la mort de son frère, Frédéric-Louis-René-Timoléon, lieutenant d'artillerie, tué au combat des Roches, le 6 janvier 1871.

i. Marie-Alexandre-*Louis* de la Taille-Trétinville, né le 24 juin 1877;

j. Hubert-Marie-Paul-*Arthur* de la Taille-Trétinville, né le 18 octobre 1879;

k. Marie-Henri-*Joseph* de la Taille-Trétinville, né le 16 février 1882.

Enfants du deuxième mariage du comte Charles de Beaumont et d'Adèle d'Estiennot de Vassy :

II. Anne-Charles-*Alfred* de la Bonninière de Beaumont, né au château de Mazières, commune de Notre-Dame-d'Oë, le 27 juillet 1809, décédé au même lieu, le 14 juillet 1881.

Nommé page des écuries du roi Charles X, par ordonnance du 26 décembre 1824;

Sous-lieutenant au 2e régiment de carabiniers, le 30 septembre 1827;

Démissionnaire le 26 décembre 1831;

Membre du conseil général du département d'Indre-et-Loire de 1842 à 1847, chevalier de la Légion d'honneur.

Il épousa en premières noces, au château de Champchevrier, commune de Cléré, le 19 juin 1832, Caroline-Julie de la Rue de Champchevrier, née à Champchevrier, le 29 février 1808, décédée au château de la Motte-Sonzay, le 21 novembre 1838, fille de René de la Rue, baron de Champchevrier, et de Louise-Marie de Contades-Gizeux, dont il eut quatre enfants.

Il épousa en deuxièmes noces, à Paris, le 3 avril 1848, *Carolie*-Susanne-Catherine Mellicent Jeboult, né le 14 décembre 1825, à Hyde Park, Dublin (Irlande), fille de John Highmore Mellicent Jeboult, ancien capitaine de l'armée anglaise, et de Lydia-Ann Cahill-Brownrigg, dont il eut deux enfants.

Du premier mariage du comte Alfred de la Bonninière de Beaumont avec Caroline de Champchevrier sont nés :

A. *Marie*-Caroline de la Bonninière de Beaumont, née au château de la Motte-Sonzay, le 22 mars 1833, mariée au château de Mazières, le 27 avril 1858, à Paul-Théodore-Clément Boguais de la Boissière, né à Angers, le 26 décembre 1818, mort le 18 janvier 1891. Elle est décédée sans postérité, au château de la Beurerie, commune d'Avrillé (Maine-et-Loire), le 20 décembre 1864;

B. *Mathilde*-Marie de la Bonninière de Beaumont, décédée au château de la Motte-Sonzay, le 20 janvier 1855;

C. *René*-Marie de la Bonninière de Beaumont, qui suit;

D. *Charles*-Marie de la Bonninière de Beaumont, décédé à Oléron (Charente-Inférieure), le 10 avril 1857.

Du deuxième mariage du comte Alfred de Beaumont avec Coralie Jeboult sont nés deux enfants :

E. *Raoul*-Frédéric-Anne de la Bonninière de Beaumont, né au château de Mazières, le 13 février 1860, et décédé au même lieu, le 10 octobre 1862;

F. *Mina*-Coralie-Marie-Anne de la Bonninière de Beaumont, dont il sera question plus loin.

C. *René*-Marie de la Bonninière de Beaumont, né au château de la Motte-Sonzay, le 31 août 1835, fut décoré de la Légion d'honneur pendant le deuxième siège de Paris, où il commandait le 2e bataillon des mobiles de la Vienne; décoré de la médaille *Pro Ecclesia et Pontifice,* le 8 décembre 1888; maire de Persac (Vienne) depuis 1884, membre du conseil d'arrondissement de Montmorillon depuis 1877.

Il a épousé au château de Persac, le 15 janvier 1862, *Marguerite*-Éléonore Laurens de la Besge, née à Persac, le 13 juillet 1839, décédée à Poitiers, le 29 janvier 1892, fille d'Émile-Marie-Joseph-Prosper Laurens, vicomte de la Besge, et de Hermine-Éméraude de Sirdey de Préfort.

De ce mariage sont issus trois enfants :

1° *Jacques*-Charles-Marie de la Bonninière de Beaumont, né à Persac, le 11 novembre 1862, élève de Saint-Cyr, en 1883; sous-lieutenant au 77e de ligne, le 1er octobre 1885; lieutenant au 32e de ligne, le 12 octobre 1889; capitaine au même régiment, en novembre 1896;

2° *Marie-Thérèse*-Radegonde de la Bonninière de Beaumont, née à Poitiers, le 1er février 1866, mariée, le 28 juillet 1886, au comte *Pierre*-Charles-Joseph-François-Marie Le Compasseur de Créquy-Montfort de Courtivron, né à Cuiseaux (Saône-et-Loire), le 21 février 1863, entré à Saint-Cyr en 1883, sous-lieutenant au 138e de ligne le 1er octobre 1885, démissionnaire en 1887, fils du comte Aymard-François-Louis-Marie Le Compasseur de Créquy-Montfort de Courtivron, et d'Hélène-Marie-Zoé Nayme des Oriolles.

De ce mariage sont issus deux enfants :

a. Marguerite-Hélène-Marie de Courtivron, née à Poitiers, le 1er juillet 1892;

b. Hélène-Radegonde-Marie-Renée de Courtivron, née à Poitiers, le 6 janvier 1895.

3° *Pierre*-Marie-Joseph de la Bonninière de Beaumont, né à Poitiers, le 16 décembre 1875.

Enfant du deuxième mariage du comte Alfred de Beaumont avec Coralie Jeboult :

Mina-Coralie-Marie-Anne de la Bonninière de Beaumont, née au château de Mazières, le 26 juillet 1863, mariée à Tours, le 3 août 1887, au comte Marie-Julien-Eugène-*Adrien* Lecointre, né à Poitiers, le 17 mai 1854, fils de Gabriel-François-Gérasime Lecointre, commandeur de l'ordre pontifical de Saint-Grégoire-le-Grand, et de Marie-Louise Dupont.

De ce mariage sont issus :

a. Anne-Marie-Catherine Lecointre, née au château de Grandmont, commune de Saint-Avertin (Indre-et-Loire), le 27 mai 1888;

b. Madeleine-Anne-Marie-Françoise Lecointre, née au château de Grandmont, le 7 juin 1889;

c. Jean-Joseph-Anne-Marie-Guillaume Lecointre, né au château de Grandmont, le 20 mars 1892;

d. Hélène-Anne-Marie-Lucile Lecointre, née au château de Grandmont, le 17 janvier 1895.

III. Édouard-Ferdinand de la Bonninière, vicomte de Beaumont-Vassy, né au château de la Motte-Sonzay, le 16 février 1816, décédé à Paris, le 24 juillet 1875, ancien préfet, ancien maître des requêtes de 1re classe au conseil d'État, épousa à Paris, le 14 octobre 1840, Louise-Marie-*Angéline* Fries, née à Paris, le 5 mai 1819, dont il a eu une fille, qui suit :

A. Marie-*Marguerite* de la Bonninière de Beaumont, née à Paris, le 17 novembre 1841, décédée à Paris, le 19 mars 1887.

Elle avait épousé, le 10 septembre 1863, *Fulco* Ruffo, prince Scilla, veuf en premières noces de Marie de Merval, né le 6 février 1837, décédé à Naples, le 30 juin 1875, prince Scilla, Tovar-y-Estrada, y della Marre, comte de Sinopoli, prince de Palazzolo, duc de Santa-Cristina, etc. etc., grand d'Espagne de 1re classe héréditaire, chambellan de S. M. le roi François II des Deux-Siciles, grand-croix de l'ordre de Saint-Janvier, grand-croix de l'ordre de Saint-Michel de Bavière, chevalier de Malte, fils de Fulco Ruffo, prince de Palazzolo, et d'Éléonora Galletti, princesse de San-Cataldo.

De ce mariage sont issus trois enfants :

1° *Isabelle*-Marie-Alberte-Louise-Françoise Ruffo de Scilla, née à Paris, le 26 octobre 1865, décédée à Palerme (Sicile), le 18 septembre 1894, mariée, le 22 juin 1885, à *Ruggero* Galletti, des princes San-Cataldo et Fuime Salato, né le 26 septembre 1850, capitaine au 13e régiment des chevau-légers de Montferrat, fils du duc et de la duchesse de Cannizzaro.

De ce mariage :

a. Baltazar Galletti, né le 15 février 1887, mort le 16 juin 1893;

b. Fulco Galletti, né le 31 décembre 1887;

c. Alberto Galletti, né le 4 août 1889;

d. Carla Galletti, née le 12 juillet 1891.

2° Marie-*Salusio*-Conception-Éléonore-Françoise Ruffo de Scilla, née à Reggio de Calabre, le 5 août 1869, mariée, le 4 septembre 1895, à dom *Giuseppe* Caracciolo, prince de Candriano.

3° *Sophie*-Marie-Félicie Ruffo de Scilla, née à Fontainebleau (Seine-et-Marne), le 11 décembre 1874.

BRANCHE DE LA FALLUÈRE

Agathe de la Bonninière de Beaumont, née le 23 juin 1770, morte le 16 mars 1858, mariée, le 12 novembre 1789, à son cousin germain, Antonin-Marc Le Febvre, vicomte de la Falluère, seigneur de Jallanges, Vouvray-sur-Loire, Marigny, etc., chevalier de Malte, officier au régiment du Roi-Infanterie, fils de Claude-Pierre Le Febvre, comte de la Falluère, et d'Anne-Marguerite-Elizabeth de la Bonninière de Beaumont.

De ce mariage sont issus quatorze enfants, dont neuf sont morts en bas âge.

René-Antonin-Marc de la Falluère, né le 28 juin 1769, mort vers vingt-cinq ans, sans alliance.

Il n'a survécu que trois filles :

A. *Marie* de la Falluère, qui suit;

B. *Agathe* de la Falluère;

C. *Félicie* de la Falluère.

A. Marie de la Falluère, née vers 1803, morte le ..., mariée le ..., à Gabriel, comte de Lantivy de Kervéno, ancien page de l'empereur, officier de cavalerie, ensuite préfet de la Corse, mort en 1866.

De ce mariage :

1° *Gabriel* de Lantivy, mort sans alliance;

2° *Antonin* de Lantivy, mort sans alliance;

3° Marie-*Esther* de Lantivy, qui suit.

3° Marie-*Esther* de Lantivy de Kervéno, née en 1822, morte le

28 août 1880, épouse, le ..., Marie-Barthélemy Josserand, comte de Raguet-Brancion, né en 1817, mort le 30 septembre 1879.

De ce mariage :

1° *Marie* de Brancion, née le ..., morte le ..., mariée le ..., à N..., comte de Saint-Cricq : pas d'enfants;

2° *Jeanne-Marie-Berthe* de Brancion, née le 1er avril 1845, morte le 31 mars 1871, mariée, le ..., à Fernand-Léon-Louis, vicomte de Plinval-Salgues.

De ce mariage il n'y a eu que :

a. Louis-Marie-Gabriel-Stanislas, vicomte de Plinval-Salgues, né le 5 septembre 1866, marié, le 7 février 1895, à Hélène-Louise de Naguet de Saint-Vulfran.

3° *Henri*-Marie-Josserand, comte de Raguet-Brancion, né le 28 février 1853.

B. Agathe de la Falluère, née le 11 janvier 1805, morte le 25 avril 1865, mariée, le 12 avril 1825, à Léopold-Pierre-Marie-Victor, comte de Quinemont, mort le 13 décembre 1838.

De ce mariage :

Marie-*Rachel*-Antoinette-Renée de Quinemont, née le 22 juillet 1830.

Mariée en premières noces, le 22 mai 1867, à *Casimir*-Camille-Gustave, comte de Roquefeuil, mort le 9 novembre 1877;

Mariée en deuxièmes noces, le 4 septembre 1879, à *Gédéon*-Bonaventure-Zénobie-Charles-Paul, comte de Maynard.

Il n'y a eu d'enfants ni de l'un ni de l'autre de ces mariages.

C. *Félicie* de la Falluère, née le 4 janvier 1811, morte le 17 mai 1895, mariée, le 4 décembre 1832, à *Charles*-Fidèle, vicomte de Kerret, né en 1803, mort le 15 mai 1878, fils d'Alexandre de Kerret, seigneur du Val-de-Kerret, de Quillieu, etc., et de Marie-Françoise Le Borgne de Kermorvan.

Il y eut de ce mariage :

1° *René*-Maurice, vicomte de Kerret, qui suit;

2° *Hermine*-Marie-Anna de Kerret;

3° Cécile-Marie-*Thérèse* de Kerret;

4° *Charles* de Kerret, né le ..., mort le ..., sans alliance.

1° *René*-Maurice, vicomte de Kerret, né le 4 septembre 1833, épouse, le 16 janvier 1865, Marie-Léonie Gauthier, morte le 19 décembre 1878.

De ce mariage deux filles :

a. Marie-Joséphine-*Jeanne*, née le 13 septembre 1866;	jumelles.
b. Marie-Félicie-*Isabelle*, née le 13 septembre 1866.	

a. Marie-Joséphine-*Jeanne* de Kerret, née le 13 septembre 1866, épouse, le 23 juillet 1886, *Pierre*, baron Séguier, né le 11 juillet 1858, d'où :

1° *Agnès*-Marie-Jeanne Séguier, née le 24 juin 1887, morte le 23 juillet 1888;

2° *Renée*-Charlotte-Marie Séguier, née le 27 juillet 1888;

3° *Antoine*-Marie-Jean Séguier, né le 6 mai 1891;

4° *Madeleine*-Léonie-Marie Séguier, née le 15 juillet 1894.

b. Marie-Félicie-*Isabelle* de Kerret, née le 13 septembre 1866, épouse, le 2 juillet 1888, Marie-Louis-Gabriel-*Georges*, comte de Bourbon-Lignières, d'où :

1° Marie-Agnès de Bourbon-Lignières, née le 13 septembre 1889;

2° Marie-*Jacques* de Bourbon-Lignières, né le 7 septembre 1890, mort le 5 juin 1892;

3° *Gabrielle* de Bourbon-Lignières, née le 19 février 1893;

4° Marie-*Philippe* de Bourbon-Lignières, né le 25 février 1894;

5° Marie-Anne-Béatrix de Bourbon-Lignières, née le 3 août 1895.

2° *Hermine*-Marie-Anna de Kerret, née le 22 février 1835, mariée, le 12 février 1855, à Marie-*Georges* Blanchet de la Sablière, né le 26 août 1826, mort à Lanniron, le 11 juin 1892.

De ce mariage :

a. Marie-*Léon* de la Sablière, né le 16 avril 1856, mort le 16 mars 1879, sous-lieutenant au 116e de ligne;

b. Marie-*Marthe* de la Sablière, née le 18 juillet 1857, mort le 16 août 1862;

c. Anne-Marie-*Geneviève* de la Sablière, née le 25 juillet 1860;

d. Edmond-Marie-*Georges* de la Sablière, né le 16 mai 1863, marié, le 2 août 1893, à *Marthe*-Marie-Camille Harscouët de Saint-George, née le 16 mai 1873; dont :

I. Marie-Thérèse-Renée-Hermine de la Sablière, née le 23 mai 1894;

II. *Carl*-Marie-Paul de la Sablière, né le 26 avril 1895.

e. *Léonie*-Hermine-Marie de la Sablière, née le 13 décembre 1867, mariée, le 18 avril 1888, à *Alain*-Marie Hersart du Buron; dont :

I. Marie-*Jean* Hersart du Buron, né le 20 mai 1889, mort le 6 avril 1891;

II. Marie-*Anne* Hersart du Buron, née le 28 janvier 1893;

III. Marie-Françoise Hersart du Buron, née le 7 juillet 1894.

f. Marie-Thérèse de la Sablière, née et décédée le 22 septembre 1871.

3° Cécile-Marie-*Thérèse* de Kerret, née le 26 août 1837, mariée, le 14 mai 1862, à *Albert*-Prudent du Bouëxic, vicomte de la Driennais, né le 5 septembre 1809, mort le 10 décembre 1872.

De ce mariage :

a. Albert-Luc-Marie-*Lyonnel* du Bouëxic, vicomte de la Driennais, né le 17 mars 1863, marié, le 11 mars 1893, à Jeanne-Marie-Antoinette de la Faye, née le 23 mars 1871, d'où :

I. *Jean*-Georges-Luc-Marie-Joseph du Bouëxic, né le 11 mars 1894;

II. Alain-Antoine-Joseph-Marie-René du Bouëxic, né le 30 mars 1895.

b. *Marguerite*-Anne-Marie-Thérèse du Bouëxic, née le 6 août 1865.

BRANCHE AUGUSTE

Auguste de la Bonninière de Beaumont, né le 18 mai 1772, mort sans s'être marié, le 27 avril 1837.

BRANCHE DE RANCHER

Hélène de la Bonninière de Beaumont, née le 10 mai 1775, morte le ..., mariée, le 13 pluviôse an VI, à *René* de Rancher, fils de Louis-François de Rancher et de Françoise de Reux.

De ce mariage :

Hélène, née le ..., mariée à N..., comte de Saint-Vigor : pas de postérité.

BRANCHE JULES

Jules de la Bonninière, comte de Beaumont, né le 24 avril 1777, mort le 23 mai 1861, chevalier de Malte, conseiller général de la Sarthe, épousa, le 22 vendémiaire an III (13 octobre 1794), Rose Préau de la Baraudière, née en 1778, morte le 9 février 1848.

De ce mariage :

A. *Jules,* qui suivra;

B. *Eugénie;*

C. *Achille;*

D. *Gustave.*

A. *Jules,* comte de Beaumont, né le 26 août 1796, mort le 6 juillet 1877, mousquetaire du roi Louis XVIII, capitaine au 18e chasseurs à cheval, chevalier de Saint-Ferdinand d'Espagne, démissionnaire en 1830, épouse, en 1826, *Félicie*-Hélène-Nérine de Bonnet de Bellou, fille d'Achille-Henri-Victor-Alexis de Bonnet de Bellou et de Victorine-Aimée-Madeleine-Thérèse des Feugerets, née en 1805, morte le 18 avril 1870.

De ce mariage cinq enfants :

1° Jules-*François*-Christian;

2° *Léonce,* né en 1829, mort en 1846;

3° *Édouard*-Henri, né le 26 octobre ...;

4° *Olivier;*

5° *Léontine*-Marie.

1° Jules-*François*-Christian, né le 1er juillet 1827, ancien officier des haras, conseiller général de l'Orne, épousa, le 23 novembre 1853, *Anna*-Marthe-Élisabeth de la Bonninière de Beaumont, sa cousine germaine.

De ce mariage quatre enfants :
a. *Jeanne*-Marie-Anne;
b. *Marthe*-Blanche-Marie;
c. *Madeleine*-Marie;
d. *Jules*.

a. *Jeanne*-Marie-Anne de la Bonninière de Beaumont, née le 10 janvier 1858;

b. Marthe-Blanche-Marie de la Bonninière de Beaumont, née le 16 octobre 1859, mariée le 18 mars 1886 à *Joseph*-Marie-Jean Cléret de Langavant, officier d'infanterie, d'où :
I. Jean-François-Marie Cléret de Langavant, né le 26 août 1887;
II. Anna-Madeleine-Marie Cléret de Langavant, née le 3 septembre 1888;
III. Louis-Jules-Marie Cléret de Langavant, né le 15 janvier 1890;
IV. Cécile-Jeanne-Marie Cléret de Langavant, née le 18 mai 1891;
V. Fernand-Henri-Marie Cléret de Langavant, né le 18 janvier 1893.

c. Madeleine-Marie de la Bonninière de Beaumont, née le 18 décembre 1860, mariée, le 14 avril 1891, au vicomte *Eugène* de Guerrife de Launay, d'où :
I. Yvonne-Marie-Adèle de Guerrife de Launay, née le 30 juin 1892;

d. Jules de la Bonninière de Beaumont, né le 6 octobre 1865.

3° *Édouard*-Henri de la Bonninière, vicomte de Beaumont, né le 26 octobre 1831, mort le 3 décembre 1882, ancien attaché d'ambassade, épousa, le 12 mai 1857, Sébastienne-*Marie* de Montseignat, fille de Félix-Hippolyte de Montseignat, ancien député, et de Sophie-Hortense Borrelly de Serres.

De ce mariage :

a. *Valentine* de la Bonninière de Beaumont, née le 23 avril 1858, mariée, le 27 décembre 1881, à Marie-Jean-Baptiste-*Xavier* Lamy de la Chapelle, officier de cavalerie, d'où :
I. *Béatrix* Lamy de la Chapelle, née en 1883;
II. *Marguerite* Lamy de la Chapelle, née en 1884;
III. *Thérèse* Lamy de la Chapelle, née en 1885;
IV. *Madeleine* Lamy de la Chapelle, née en 1887;
V. *Gaston* Lamy de la Chapelle, né en 1890.

b. Béatrix de la Bonninière de Beaumont, née le 23 février 1862, mariée, le 15 mai 1883, au baron *Alfred* de la Garde de Saignes, d'où :

I. *Madeleine* de la Garde de Saignes, née en 1884, morte la même année;

II. *Henri* de la Garde de Saignes, né en 1885.

5° *Léontine*-Marie de la Bonninière de Beaumont, née en 1836, morte le 28 janvier 1864, épousa, le 26 février 1858, son cousin germain, Victor-Prosper-Gaston, vicomte de Romanet de Beaune, mort le 28 décembre 1876.

De ce mariage :

a. Olivier, vicomte de Romanet de Beaune, né le 8 juillet 1859, marié, le 19 août 1885, à Jeanne de Berthier-Bizy.

De ce mariage :

I. *Joseph* de Romanet de Beaune, né en 1887;

II. *Marie* de Romanet de Beaune, née en 1889;

III. *Pierre* de Romanet de Beaune, né en 1891;

IV. *Jehan* de Romanet de Beaune, né en 1893.

b. René de Romanet de Beaune, né le 17 août 1862, épousa, en 1890, *Thérèse* de Hauteclocque;

c. Thérèse de Romanet de Beaune, née le 11 janvier 1861, morte le 7 août 1866.

B. *Eugénie* de la Bonninière de Beaumont, née le 26 janvier 1795, morte le 30 novembre 1855, mariée, le 19 août 1812, à Pierre-Henry de Sarcé, chevalier de Malte, chevalier de Saint-Louis, du Phénix de Hohenlohe, décoré de la médaille d'argent de Marie-Thérèse, ancien officier de l'armée de Condé, fils de Pierre-Victoire de Sarcé et de Madeleine-Perrine-Catherine de la Haye.

De ce mariage :

1° Éléonore-*Clémence* de Sarcé, qui suit :

1° Éléonore-*Clémence* de Sarcé, née le ..., mariée, le 2 juin 1840, à *Alfred*-Édouard-Désiré de la Planche, comte de Ruillé, né en 1817, mort le 23 février 1886.

De ce mariage un seul fils :

a. Geoffroy de Ruillé, qui suit.

a. Geoffroy de la Planche, comte de Ruillé, né en 1844, marié, en 1865, à Marguerite Thebaudin de Bordigné.

De ce mariage un seul fils :

Guillaume de la Planche de Ruillé, né le 7 août 1866.

C. *Charles*-Achille, baron de Beaumont, ancien garde du corps, né le 5 octobre 1799, mort le 27 août 1871, marié :

1° le 15 avril 1833, à *Anna*-Marie-Pauline-Cécile, fille d'Auguste de Mailly de Montjean, chevalier, et d'Anne-Pauline-Justine de Pissonnet de Bellefonds, morte le 29 octobre 1834, dont il eut une fille, *Anna*-Marthe-Élisabeth ;

2° à *Blanche*-Antoinette-Renée de Beaumont, sa cousine germaine, née le 28 novembre 1813, morte le 30 août 1872, dont il n'eut pas de postérité.

Anna-Marthe-Élisabeth de la Bonninière de Beaumont épouse François de Beaumont, son cousin germain. (Voir à la descendance de François.)

D. *Gustave*-Auguste de la Bonninière de Beaumont, né le 6 février 1802, mort le 30 mars 1866, ancien magistrat, chevalier de la Légion d'honneur, député, membre des Assemblées constituante et législative, ambassadeur à Londres, ambassadeur à Vienne, épousa, le ... juillet 1836, Clémentine-*Adrienne* du Mottier de la Fayette, née en 1809, morte le 4 août 1886, fille de Georges-Washington du Mottier de la Fayette, ancien officier et député, et d'Émilie Destutt de Tracy.

De ce mariage :

1° *Antonin*-Émile-Jules de la Bonninière de Beaumont, qui suit;

2° *Alix* de la Bonninière de Beaumont, née en 1842, morte en 1850;

3° *Paul* de la Bonninière de Beaumont, né en 1852, mort le 13 juin 1883, sans postérité.

1° *Antonin*-Émile-Jules de la Bonninière de Beaumont, né le 22 juillet 1838, chef de bataillon en retraite, officier de la Légion d'honneur, marié à Zora Ben-Thar.

De ce mariage :

a. *Marie* de la Bonninière de Beaumont, épouse, le 1er octobre 1887, *Edmond* Hennocque, lieutenant au 1er chasseurs d'Afrique; dont :

I. *Gustave* Hennocque, né à Beaumont-la-Chartre (Sarthe), le 23 septembre 1890;

II. *Auguste* Hennocque, né à Fontainebleau, le 13 septembre 1892.

b. *Gabrielle* de la Bonninière de Beaumont.

BRANCHE EUGÈNE

Branche formée par *Eugène* de la Bonninière, vicomte de Beaumont, fils d'Anne-Claude de la Bonninière, comte de Beaumont, et de Marguerite Le Pellerin de Gauville.

Eugène naquit à Beaumont-la-Ronce, le 20 novembre 1778, et mourut au château de Domezac (Charente), le 20 avril 1848. Il n'avait pas été au service ; néanmoins, lors du départ de Louis XVIII, il leva des partisans dans l'Anjou, et, à la tête d'une légion royale de mille hommes, il fit, sous les ordres du général baron d'Andigné, toute la campagne contre les troupes de Bonaparte.

Il était membre du conseil général de Maine-et-Loire, chevalier de l'ordre royal et militaire de la Légion d'honneur.

Eugène, vicomte de Beaumont, épousa à Angers, le 29 avril 1799, Adélaïde-Renée-Louise Le Jeune de Créquy-Daumeray, née à Versailles, le 28 septembre 1780, décédée au château de la Rochejacquelein (Maine-et-Loire), le 2 avril 1818, fille de François-Louis-Marin Le Jeune de la Furjonnière de Créquy, comte de Daumeray, baron de Saint-Germain, de Retz et de Craon en Anjou, et d'Adélaïde-Louise Defitte de Soucy, dont la mère était sous-gouvernante des Enfants de France.

De ce mariage sont issus sept enfants :

I. *Eugène* de la Bonninière de Beaumont, né à Angers, le 20 mai 1800, décédé à Angers, le 29 septembre 1878, ancien officier au 18ᵉ chasseurs, aux grenadiers à cheval de la garde royale, puis au 2ᵉ carabiniers, marié à Baracé (Maine-et-Loire), le 9 avril 1828, à Anna-Françoise de Constant de Moras, née à Angers, le 8 octobre 1802, décédée à Angers, le 1er janvier 1870, fille d'Alexandre-Marie de Constant, baron de Moras et de Pezay-le-Chapt, et de Cécile de la Planche de Ruillé.

Il n'y a pas eu d'enfants de ce mariage.

II. Anna de la Bonninière de Beaumont, dont l'article suit;

III. Adélaïde-*Louise*-Marie de la Bonninière de Beaumont, dont il sera question plus tard;

IV. *Léon*-Godefroy de la Bonninière de Beaumont, né à Angers, le 13 mars 1808, décédé à Angers, le 5 août 1889. Il avait été ordonné prêtre dans la cathédrale d'Angers, par Mgr Montault des Isles, le 15 mars 1834, et devint chanoine honoraire sous l'épiscopat de Mgr Angebault, le 5 juillet 1856;

V. *Blanche*-Antoinette-Renée, née au château de la Rochejacquelein, le 28 novembre 1813, décédée au château de Viantais (Orne), le 30 août 1872, mariée au château d'Huillé (Maine-et-Loire), le 26 janvier 1836, à Charles-Achille de la Bonninière de Beaumont, son cousin germain, né à Beaumont-la-Chartre, le 5 octobre 1799, décédé au château de Viantais, le 27 août 1871. Achille fut garde du corps de 3e classe du roi Louis XVIII, compagnie de Luxembourg, le 1er août 1821; garde de 2e classe, le 13 juillet 1825. Il accompagna le roi Charles X à Cherbourg, en août 1830, et donna sa démission. Achille était fils du comte Jules de Beaumont et de Rose Préau de la Baraudière. Il n'y eut pas d'enfant de ce mariage;

VI. Louise-Marie-Eugénie, dont il sera question en son lieu;

VII. Cécile-Jules, dont il sera parlé plus tard à son rang.

II. *Anna* de la Bonninière de Beaumont, née à Angers, le 5 septembre 1803, décédée au château du Plessis-Greffier (Maine-et-Loire), le 14 août 1834, mariée à la Rochejacquelein, commune de Daumeray (Maine-et-Loire), le 24 novembre 1828, à Félix, comte de Villebois-Mareuil, membre du conseil général du département de la Mayenne, veuf avec enfants de Sophie Foucault de Vauguyon, né à Angers, le 30 janvier 1789, décédé au château du Plessis-Greffier, le 24 octobre 1872, fils de Pierre-Marie-Maurille, comte de Villebois-Mareuil, ancien colonel de cavalerie, chevalier des ordres royaux et militaires de Saint-Louis et de Saint-Lazare, et de Pauline Hervé de la Potherie.

De ce mariage sont issus trois enfants :

A. *Marguerite* de Villebois-Mareuil, dont l'article suit;

B. Henri-Raymond-*Godefroy* de Villebois-Mareuil, dont il sera parlé plus tard;

C. *Agathe* de Villebois-Mareuil, morte en naissant.

A. *Marguerite* de Villebois-Mareuil, née à Angers, le 4 novembre 1829, mariée à Angers, le 30 avril 1850, à Charles-Henri Brochard, comte de la Rochebrochard, né au château d'Étrie (Deux-Sèvres), le 8 mars 1820, décédé à Poitiers, le 23 avril 1879, fils de Charles-Xavier Brochard, comte de la Rochebrochard, et de Marie-Augustine-Clémentine de Gourjault.

De ce mariage sont issus cinq enfants :

1° *Marie-Anna* Brochard de la Rochebrochard, dont l'article suit ;

2° *Louise* Brochard de la Rochebrochard, religieuse auxiliatrice des Ames du purgatoire, à Paris ;

3° *Henriette* Brochard de la Rochebrochard, morte jeune ;

4° *Marguerite* Brochard de la Rochebrochard, morte en bas âge ;

5° *Marie-Thérèse* Brochard de la Rochebrochard, dont il sera parlé plus loin.

1° *Marie-Anna* Brochard de la Rochebrochard, née à Angers, le 9 mars 1851, mariée au château de Cirières (Deux-Sèvres), le 27 juin 1870, à Georges-Henri, comte de Tinguy, né au château de Beaupuy (Vendée), le 15 juillet 1846, fils de Louis, comte de Tinguy, et de Georgine de Chabot.

De ce mariage sont issus :

a. *Marguerite*-Louise-Marie de Tinguy, née à Cirières, le 24 avril 1871, mariée à Poitiers, le 10 juillet 1894, à *Albert*-Xavier Brochard de la Rochebrochard, capitaine adjudant-major au 135e de ligne, né à Poitiers, le 7 juin 1861, fils de Xavier-Emmanuel Brochard de la Rochebrochard et d'Agathe-Léonie de Boissard, dont :

Henri-Albert-Marie Brochard de la Rochebrochard, né à Angers, le 12 avril 1895.

b. *François*-Henri-Louis-Marie de Tinguy, né à Poitiers, le 9 janvier 1881.

2° *Marie-Thérèse* Brochard de la Rochebrochard, née à Angers, le 26 février 1858, mariée à Poitiers, le 18 mars 1879, à Marie-Maurice-Raoul-Élie du Reau de la Gaignonnière, ancien officier aux zouaves pontificaux, décoré de la médaille de Mentana, né à Angers, le 16 mai 1847, fils de Zacharie-Raoul du Reau de la Gaignonnière et de Marie-Thérèse de Quatrebarbes.

De ce mariage sont issus :

a. Maurice-Marie-Henri-Louis du Reau de la Gaignonnière, né à Poitiers, le 19 avril 1880 ;

b. Thérèse-Marie-Pauline-Eulalie du Reau de la Gaignonnière, née au château de Cirières, le 29 décembre 1881 ;

c. Xavier-Marie-Joseph-Félix du Reau de la Gaignonnière, né au château de Cirières, le 7 novembre 1883;

d. Jean-Marie-Joseph-Hyacinthe du Reau de la Gaignonnière, né au château de Cirières, le 12 mars 1885;

e. Joseph-Marie-Henri-Louis du Reau de la Gaignonnière, né au château de Cirières, le 20 octobre 1890.

B. Henri-Raymond-Godefroy, baron de Villebois-Mareuil, né à Angers, le 23 février 1831, zouave pontifical, blessé au combat de Patay (Loiret), le 3 décembre 1870; transporté à Janville (Eure-et-Loir), où il décéda, le 28 décembre 1870. Il avait épousé, le 29 octobre 1856, Marie-Zénobie de Clervaux, née au château de l'Houmelière, et décédée le 9 avril 1886, fille de Charles de Clervaux et de Louise Aymer de la Chevalerie.

De ce mariage sont issus deux enfants :

1° *Radegonde-Godefroy* de Villebois-Mareuil, qui suit;

2° *Marie-Antoinette* de Villebois-Mareuil, née au château de l'Houmelière, le 23 novembre 1859, mariée le 6 août 1884 à René-Marie-François-Joseph de Terrasson de Villemort, ancien officier de cavalerie, né le 1er septembre 1858, à Villemort (Vienne), décédé sans postérité, le 4 mars 1887, à Paris, fils d'Amédée-Joseph de Terrasson de Villemort, et de Marie-Lucie de Vergès. Devenue veuve, elle épousa en deuxièmes noces, le 3 juillet 1895, son cousin, Joseph-Louis-Marie de Gouyon de Coipel.

1° Radegonde-*Godefroy,* baron de Villebois-Mareuil, né à Angers, le 5 février 1858, marié au château du Lys-Saint-Georges (Indre), le 22 juin 1887, à Marie-Constance Bernard de Dannes, née à Angers, le 15 avril 1863, fille d'Anatole Bernard de Dannes et d'Emmeline du Breuil du Bost de Gargilesse.

De ce mariage :

Marie-Cécile de Villebois-Mareuil, née à la Ferrière (Maine-et-Loire), le 10 avril 1888.

III. *Adélaïde*-Louise-Marie de la Bonninière de Beaumont, née à Angers, le 5 septembre 1805, décédée au château de Port-de-Roche (Ille-et-Vilaine), le 18 août 1892, mariée au château de Huillé (Maine-et-Loire), le 11 juin 1833, à *Joseph*-Casimir-Jean-Louis, comte de la Fruglaie, né au Roc-Saint-André (Morbihan), le ..., décédé au château de Port-de-Roche, le 23 mars 1870, fils de Casimir, comte de la Fruglaie, et de Blanche Hermine de Lys.

De ce mariage sont issus six enfants :

A. *Paul* de la Fruglaie, né au château de Huillé, le 28 avril 1834, décédé à l'École militaire de Saint-Cyr, le 21 août 1856;

B. *Marie* de la Fruglaie, dont l'article suit;

C. *Blanche* de la Fruglaie, née au château de Port-de-Roche, le 6 février 1837, religieuse de l'ordre des Filles de la Charité de Saint-Vincent-de-Paul, décédée à Paris, le 29 mai 1859;

D. *Pauline* de la Fruglaie, née au château de Port-de-Roche, le 19 juillet 1838, décédée au même lieu, le 2 octobre 1858;

E. *Laure* de la Fruglaie, dont il sera question plus loin;

F. *Louise* de la Fruglaie, née à Sainte-Anne (Ille-et-Vilaine), le 5 décembre 1842, mariée, le 16 avril 1872, à Louis-Victor-*Ernest,* marquis de Sécillon de Kerfur, chef d'escadron d'artillerie, chevalier de la Légion d'honneur, né à Guérande (Loire-Inférieure) en 1830, fils de Louis, marquis de Sécillon de Kerfur, et de Joséphine Quënot. Ils n'eurent pas d'enfants.

B. Marie de la Fruglaie, née au château de Port-de-Roche, le 28 juin 1835, décédée à Saint-Brieuc (Côtes-du-Nord), le 27 juin 1877, mariée au château de Port-de-Roche, le 23 décembre 1859, à *Armand*-Joseph-Charles Le Borgne de la Tour, sous-intendant militaire, officier de la Légion d'honneur, né à Quintin (Côtes-du-Nord), en 1824, décédé à Caen (Calvados), le 24 février 1891, fils de Xavier-Hyacinthe Le Borgne de la Tour et de Jeanne-Marie du Faure de Prouillac.

De ce mariage sont issus trois enfants :

1° *Armand*-Marie Le Borgne de la Tour, né en 1860, à Saint-Brieuc, décédé au château de Port-de-Roche, le 7 décembre 1878;

2° *Paul* Le Borgne de la Tour, né en 1862, à Saint-Brieuc, décédé au même lieu, en juin 1877;

3° *Marie*-Blanche-Adélaïde Le Borgne de la Tour, dont l'article suit.

3° *Marie*-Blanche-Adélaïde Le Borgne de la Tour, née à Saint-Brieuc, le 27 juin 1869, décédée à Pau (Basses-Pyrénées), le 6 juillet 1890, mariée à Saint-Brieuc, le 18 octobre 1887, à *Jules* de Cavelier de Cuverville, enseigne de vaisseau, né à Saint-Brieuc, en 1864, fils de Jules, vicomte de Cavelier de Cuverville (maintenant vice-amiral), et de Cécile Lantinier de Clézieux.

De ce mariage il y a eu une fille :

a. Marie de Cavelier de Cuverville, née à Lorient, le 1er juillet 1888.

E. Laure de la Fruglaie, née à Sainte-Anne (Ille-et-Vilaine), le 9 juin 1840, mariée au château de Port-de-Roche, le 17 juin 1862, à

Raymond-Jacques-Marie, comte de Gouyon de Coipel, né en 1833, décédé au château de la Ville-Janvier (Morbihan), le 19 novembre 1888, fils de Laurent, comte de Gouyon de Coipel, et d'Élisabeth-Amélie-Georgette de Kerouartz.

De ce mariage sont issus dix enfants :

1° *Blanche*-Adélaïde-Pauline-Marie de Gouyon de Coipel, née au château de Port-de-Roche, le 10 juillet 1863;

2° *Marie*-Élisabeth-Louise de Gouyon de Coipel, née au château de Port-de-Roche, le 23 août 1864;

3° *Raymond*-Louis-Marie de Gouyon de Coipel, né le 6 janvier 1866, mort le 3 août 1871 ;

4° *Louise*-Marie de Gouyon de Coipel, née au château de Port-de-Roche, le 31 juillet 1867, mariée au château de la Ville-Janvier, le 26 février 1889, à *René*-Paul-Camille-Augustin-Marie de Laigne, né le 28 août 1862;

5° *Adélaïde*-Marie de Gouyon de Coipel, née le 20 août 1868, morte le 27 août 1868;

6° *Anne*-Marie de Gouyon de Coipel, née le 31 juillet 1870, morte le 22 juin 1871;

7° *Joseph*-Louis-Marie de Gouyon de Coipel, né au château de Port-de-Roche, le 10 février 1872, marié le 3 juillet 1895 à Marie-Antoinette de Villebois-Mareuil, sa cousine, née le 23 novembre 1859, veuve de René-Marie-François-Joseph de Terrasson de Villemort;

8° *Yves*-Marie de Gouyon de Coipel, né en novembre 1873, mort le 20 janvier 1874;

9° *Henri*-Louis-Marie de Gouyon de Coipel, né à Redon (Ille-et-Vilaine), le 25 août 1876;

10° *Laure*-Marguerite-Marie de Gouyon de Coipel, née à Redon, le 6 avril 1879.

IV. *Louise*-Anne-Eugénie de la Bonninière de Beaumont, née le 15 septembre 1815, au château de la Rochejacquelein (Maine-et-Loire), décédée à Poitiers (Vienne), le 15 décembre 1889, mariée le 17 mai 1836, au château de Huillé (Maine-et-Loire), à François-Henri-*Paul* Desmiers, marquis de Chenon, né le 2 mars 1805, au château de Domezac (Charente), décédé au même lieu, le 20 août 1858, fils de François-Marie Desmiers, marquis de Chenon, et de Marguerite-Anne de Malvaud.

De ce mariage sont issus cinq enfants :

A. Georges-Marie Desmiers de Chenon, né à Poitiers, le 1er mars 1837, brigadier au 7e hussards, décédé à Dra-el-Mizan (Kabylie), le 10 octobre 1857;

B. Anne-Marie-Gabrielle Desmiers de Chenon, née au château de Huillé, le 27 février 1839, décédée au château de Domezac, le 6 février 1856;

C. Louis-Marie-*René* Desmiers, marquis de Chenon, ancien zouave pontifical, né à Ruffec (Charente), le 27 avril 1842, marié en premières noces à Niort (Deux-Sèvres), le 17 janvier 1870, à Thérèse de Grimouard, née le ... 1850, décédée le 2 février 1871, fille d'Emmanuel de Grimouard, ancien officier de cavalerie, et d'Eulalie de Goulard d'Arçay, dont il n'eut qu'un fils :

Jean-Eugène-Marie Desmiers de Chenon, né le 18 janvier 1871, à Niort, et décédé deux jours après.

René Desmiers, marquis de Chenon, épousa en secondes noces, le 18 octobre 1873, au château des Fontaines (Cher), *Angèle* de Marolles, née au château des Fontaines, le 29 août 1845, fille de Philippe-Jacques Martin de Champmartin de Marolles et d'Anna-Émilie de Beaucorps-Créquy. Il n'y a pas eu d'enfants de ce mariage;

D. Eugène-Marie-François Desmiers, comte de Chenon, dont l'article suit;

E. Cécile-Marie-Mathilde Desmiers de Chenon, dont il sera parlé en son lieu.

D. Eugène-Marie-François Desmiers, comte de Chenon, officier aux zouaves pontificaux, décoré de l'ordre de François Ier de Naples, de la croix de Pie IX, de la médaille de Mentana et de la médaille *Bene-Merenti*, né au château de Domezac, le 17 avril 1844, marié le 14 novembre 1871, au château de Valence, près Couhé (Vienne), à Hélène-Marthe-Marie-Julie de Lestang, née le 7 mars 1852, à Longré (Charente), fille de René-Auguste de Lestang et de Marie-Julie Mesnaud de Saint-Paul.

De ce mariage sont issus quatre enfants :

1° Alain-Pie-Marie-René Desmiers de Chenon, né le 10 février 1882, au château de Chenon (Charente);

2° Georges-Paul-Marie-Joseph Desmiers de Chenon, né le 9 avril 1884, au château de Chenon;

3° Élisabeth-Marie-Louise Desmiers de Chenon, née le 20 octobre 1885, au château de Chenon;

4° Robert-Marie-Pierre Desmiers de Chenon, né le 13 mai 1892, au château de Chenon.

E. Cécile-Marie-Mathilde Desmiers de Chenon, née au château de

Domezac, le 15 septembre 1846, mariée au même lieu, le 23 février 1870, à *Pol*-Jean-Ferdinand d'Hémery, né le 5 janvier 1837, au château de l'Abrègement (Charente), fils d'André-Marie-Frédéric d'Hémery et de Charlotte-Cléopâtre-Léopoldine Rivaud de la Raffinière.

De ce mariage sont issus trois enfants :

1° Pierre-Marie-Olivier-André d'Hémery, né le 1er décembre 1870, au château de l'Abrègement;

2° Marie-Catherine-Léopoldine d'Hémery, née le 2 décembre 1872, au château de l'Abrègement, décédée à Poitiers, le 16 octobre 1886;

3° Marie-René-Édouard d'Hémery, né le 4 novembre 1875, au château de l'Abrègement.

V. *Cécile*-Jules de la Bonninière de Beaumont, née le 22 septembre 1817, au château de la Rochejacquelein (Maine-et-Loire), décédée le 31 août 1883, au château de Huillé (Maine-et-Loire), mariée le 28 janvier 1839, au même lieu, à *Albert*-Émile, comte de Blois, né au château de Poulguinan, près Quimper (Finistère), le 19 janvier 1814, décédé à Vichy (Allier), le 11 août 1870, fils de Gabriel-Marie, comte de Blois, capitaine de vaisseau, chevalier de Saint-Louis, et de Thérèse Le Borgne de Kermorvan.

De ce mariage sont issus cinq enfants :

A. *Albert* de Blois, né à Quimper, en 1840, décédé au château de Huillé, le 18 mars 1854;

B. *Georges*-Aymar, comte de Blois, dont l'article suit;

C. *Marc* de Blois, mort à deux ans;

D. *Adrien*-Marie de Blois, dont il sera question plus loin;

E. *Renan*-Eugène de Blois, dont il sera parlé en dernier lieu.

B. *Georges*-Aymar, comte de Blois, né au château de Huillé, le 1er janvier 1849, marié en premières noces à Montmorillon (Vienne), le 14 avril 1874, à *Marguerite*-Marie-Félicie-Jules Augier de Crémiers, décédée au château de la Rochejacquelein, le 17 juin 1882, à l'âge de vingt-neuf ans, fille de Joseph-Étienne Augier de Crémiers et de Louise-Charlotte-Augusta Compte de Tallobre. — Il épousa en deuxièmes noces à Angers, le 2 septembre 1884, *Marie-Anne* Le Bault de la Morinière, née le 10 février 1859, fille du comte Émile Le Bault de la Morinière et de Marie d'Armaillé.

De ces mariages sont issus :

Du premier mariage :

1° *Louis*-Albert-Aymard-Léon-Marie de Blois, né au château de la Rochejacquelein, le 15 février 1880;

2° *Marguerite* de Blois, née le 16 juin 1882, décédée le 16 juillet 1882;

Du second mariage :

3° *Cécile*-Marie de Blois, née au château de la Tour-du-Pin (Maine-et-Loire), le 24 juillet 1885;

4° *Jean* de Blois, né au château de la Rochejacquelein, le 20 octobre 1888.

D. *Adrien*-Marie de Blois, vicomte de Beauregard, né au château de Huillé, le 18 janvier 1858, marié à Gien (Loiret), le 23 novembre 1881, à *Thérèse*-Marie-Ernestine Mizzi, née le 15 mars 1860, fille de Jean-Baptiste-Antoine-Achille-François-Paul-Rosaire-Vincent Mizzi et de Marie-Charlotte-Valentine Blanchard de Farges.

De ce mariage sont issus :

1° René-Albert-Joseph de Blois, né à Gien, le 13 mars 1883;

2° Marie-Cécile-Josèphe de Blois, née à Gien, le 8 mai 1885;

3° Bernard-Charles-Emmanuel de Blois, né à Gien, le 17 juin 1889;

4° Étienne-Léon-Eugène de Blois, né au château de Huillé, le 11 février 1891.

E. *Renan*-Eugène, vicomte de Blois, né au château de Huillé, le 14 novembre 1859, marié à Paris, le 10 novembre 1886, à Joséphine-Marie-Nathalie Le Camus, née à Paris, le 19 mars 1866, fille de François-Louis-Émile Le Camus et de Nathalie-Marie Pisani.

De ce mariage sont issus :

1° Albert-Georges-Émile de Blois, né à Paris, le 1er novembre 1887;

2° André-François-Marie de Blois, né à Soisy-sous-Étiolles (Seine-et-Marne), le 19 juin 1889;

3° Robert-Marie-Adrien de Blois, né à Paris, le 18 février 1892.

BRANCHE ARMAND

Armand de la Bonninière de Beaumont, né le 4 mars 1782, mort le 9 décembre 1859, ancien préfet des Deux-Sèvres, démissionnaire en 1830, chevalier de Malte, de la Légion d'honneur et de Saint-Jean de Jérusalem, épousa, le 13 fructidor an XII (5 septembre 1804), *Céleste* Lemoine de la Godelinière, née le 8 juin 1784, morte le 8 janvier 1848.

De ce mariage :

A. *Isabelle* de la Bonninière de Beaumont;

B. *Armande* de la Bonninière de Beaumont;

C. *Fernand* de la Bonninière de Beaumont;

D. *Félix* de la Bonninière de Beaumont, né le 26 décembre 1811, lieutenant de frégate, mort au service, le 8 octobre 1836; sans alliance;

E. *Louis* de la Bonninière de Beaumont;

F. *Vendôme* de la Bonninière de Beaumont, né le 29 août 1816, mort en 1838, officier-élève à l'École de cavalerie de Saumur; sans alliance;

G. *Louisa* de la Bonninière de Beaumont, née le 2 octobre 1818, sœur de Saint-Vincent-de-Paul, morte le 13 avril 1870, supérieure de la maison de son ordre en la paroisse de la Madeleine, à Paris.

A. *Isabelle* de la Bonninière de Beaumont, née le 17 décembre 1807, morte le 5 septembre 1862, mariée, le 28 février 1829, avec *Charles,* marquis de Geoffre de Chabrignac, capitaine aux voltigeurs de la garde royale, démissionnaire en 1830.

De ce mariage :

1° *Henri* de Geoffre de Chabrignac, qui suit;

2° *Raymond* de Geoffre de Chabrignac;

3° *Henriette* de Geoffre de Chabrignac, née le 10 octobre 1842, sœur de charité;

4° *Armand* de Geoffre de Chabrignac, né le 15 juillet 1831, mort à Macao, officier de marine, le 8 octobre 1851;

5° *Marie* de Geoffre de Chabrignac, née le 17 juin 1834, décédée à Paris, sœur de charité, le 2 décembre 1893;

6° *Jean* de Geoffre de Chabrignac, né le 22 mai 1845, volontaire aux zouaves de Charette, tué à la bataille du Mans, le 10 janvier 1871.

1° *Henri,* marquis de Geoffre de Chabrignac, né le 11 décembre 1829, capitaine de zouaves à vingt-quatre ans, intendant général d'armée, commandeur de la Légion d'honneur, grand-officier du Nicham, marié, le 4 avril 1859, à Louise-*Alice* Hémery de Lazenay.

De ce mariage :

I. *Louis* de Geoffre de Chabrignac, qui suit;

II. *Marie* de Geoffre de Chabrignac, née le 31 mai 1863, mariée, le 26 janvier 1887, au comte d'Escherny, dont une fille :

a. Marguerite d'Escherny, née le 5 octobre 1888.

I. *Louis,* comte de Geoffre de Chabrignac, né le 3 janvier 1860, lieutenant de dragons démissionnaire, marié, le 8 juin 1886, à *Jeanne* de la Selle, fille du comte de la Selle d'Eschuilly, d'où :

a. *Marie-Louise* de Geoffre de Chabrignac, née le 9 octobre 1887;

b. *Jean* de Geoffre de Chabrignac né le 8 novembre 1889;

c. *Henriette* de Geoffre de Chabrignac, née le 25 mai 1894.

2. *Raymond,* comte de Geoffre, né le 23 janvier 1836, général commandant la brigade d'artillerie du 4e corps, au Mans, commandeur de la Légion d'honneur, marié, le 11 avril 1872, à *Louise* de Pourtalès.

De ce mariage :

I. *Marguerite* de Geoffre de Chabrignac;

II. *Armand* de Geoffre de Chabrignac;

III. *Madeleine* de Geoffre de Chabrignac.

I. *Marguerite* de Geoffre de Chabrignac, née le 8 février 1873, religieuse de Saint-Vincent-de-Paul;

II. *Armand* de Geoffre de Chabrignac, né le 23 janvier 1874, ancien élève de l'École polytechnique, sous-lieutenant d'artillerie à l'École de Fontainebleau;

III. *Madeleine* de Geoffre de Chabrignac, née à Douai, le 8 novembre 1884.

B. *Armande*-Pauline de la Bonninière de Beaumont, née le 18 janvier 1809, morte le 18 février 1871, mariée, le 1er octobre 1832, à *Henri* de Brunier, magistrat démissionnaire en 1830.

De ce mariage :

1° *Édouard* de Brunier, né le 20 novembre 1833, marié, le 25 février 1862, à *Pauline*-Renée Morry.

De ce mariage :

I. *François*-Joseph de Brunier, né le 10 février 1869, marié au château de la Chassetière (Indre-et-Loire), le 25 novembre 1896, à *Jeanne* Vallée, fille de Louis Vallée et de N... ;

II. *Jacques*-Martin-Raoul de Brunier, né le 25 octobre 1874.

C. *Fernand* de la Bonninière de Beaumont, né le ... 1810, mort le 16 mai 1880, chef d'escadron d'artillerie, grièvement blessé au siège de Constantine, chevalier de la Légion d'honneur, épouse, en 1839, Marie-*Félicité* Renaud d'Avesnes des Méloizes, morte le 21 septembre 1844.

De ce mariage :

1° Jean-*Olivier* de la Bonninière de Beaumont, qui suit;

2° *Élisabeth* de la Bonninière de Beaumont;

3° *René* de la Bonninière de Beaumont, né le 29 septembre 1844, mort en 1871, sans alliance.

1. Jean-*Olivier* de la Bonninière de Beaumont, né le 23 juillet 1840, contre-amiral, commandant l'escadre de l'Extrême-Orient, commandeur de la Légion d'honneur, épouse, le 2 mai 1878, *Marguerite* de Montherot, d'où une fille :

Renée de la Bonninière de Beaumont.

2. *Élisabeth* de la Bonninière de Beaumont, née le 17 novembre 1841, épouse, le ..., *Paul* van Schalkwick, baron de Boisaubin, ancien capitaine de cavalerie, chevalier de la Légion d'honneur.

De ce mariage est né un fils :

Ferdinand - Édouard - Henri van Schalkwick de Boisaubin, né le 16 avril 1864, lieutenant au 5e dragons, marié, le 4 février 1891, à Marguerite de Follin de Vezin, née le 22 janvier 1873.

D. *Louis*-Stanislas de la Bonninière de Beaumont, né le 5 septembre 1814, lieutenant-colonel d'état-major, officier de la Légion d'honneur, du Medjidié, etc., mort à la suite de blessures reçues à la bataille de Magenta, le 1er juillet 1859.

Il avait épousé Marie-Augustine-*Mathilde* de Bourcet, dont il n'eut pas d'enfants.

BRANCHE OCTAVE

Octave de la Bonninière de Beaumont, né le 24 août 1784, mort le 19 mai 1864, chevalier de Malte de minorité, chevalier de Saint-Louis, commandeur de la Légion d'honneur, chevalier de Saint-Georges de Russie, 4e classe, chevalier de Saint-Ferdinand d'Espagne, colonel du 17e régiment de chasseurs. A fait toutes les campagnes de l'empire, particulièrement celle de Russie, comme chef d'escadron, aide de camp du maréchal Davout, prince d'Eckmüll, et enfin la campagne d'Espagne, en 1823, à la tête de son régiment; il avait reçu plusieurs blessures. Démissionnaire de son grade en 1830.

Il avait épousé, le 27 décembre 1814, Marie-*Clémence* de Crochart, fille de Joseph-Adrien de Crochart, chevalier de Saint-Louis, capitaine au régiment de Beauce, et de Françoise-Perrine Prévost de Bonnezeaux. Sans postérité.

BRANCHE LÉOPOLD

Léopold de la Bonninière de Beaumont, chevalier de Malte de minorité, né le 18 mai 1791, page de l'empereur Napoléon Ier, lieutenant au 5e régiment de hussards, tué à l'ennemi, près de Smolensk, en 1812.

PIÈCES JUSTIFICATIVES

I

LETTRE DU COMTE DE NIEWERKERKE AU MARQUIS DE BEAUMONT RELATIVE A L'INSCRIPTION A LA SALLE DES CROISADES DU NOM ET DES ARMES DE HUGUES BONNIN

DIRECTION GÉNÉRALE DES MUSÉES

Palais du Louvre, 9 mars 1860.

Monsieur le Marquis,

Je m'empresse de vous annoncer que vos titres à l'honneur de voir inscrire le nom de vos ancêtres dans la salle des Croisades, à Versailles, ayant été jugés incontestables par les personnes les plus compétentes, auxquelles je les ai soumis, j'ai donné des ordres pour que le nom de Bonin et son écusson fussent immédiatement placés dans la salle des Croisades.

Agréez, etc.

Le Directeur général des musées,
Intendant des Beaux-Arts,

Comte DE NIEWERKERKE.

A Monsieur le Marquis de Beaumont,
Château de Beaumont,
Beaumont-la-Ronce.

II

PETRUS BONINUS

(XIIIe siècle.)

XXVI. — Petrus Boninus, serviens [1], est homo ligius archiepiscopi de feodo de Ples (Plaix), scilicet de III hospitibus, qui aliquando plures sunt aliquando pauciores; et quando facit hominium debet dare archiepiscopo V solidos, vel coclear argenti, quod magis placuerit archiepiscopo. [vers 1210-1225.]

(Louis de Grandmaison, *Cartulaire de l'Archevêché de Tours*, II, 306.)

CCLVI. — *Boue* (7 mai 1365). — De vous..., je, Gacian Riboteau de Saint-Expaing, advœ à tenir à foy et homage simple...

Et est assavoir que ledit Gacian représente la personne Pierre Bonnin, vint et sixiesme en l'Eschequete, lequel est trouvé home lige, et auxi entra ledit Gacian comme lige en la foy Monsseigneur Symon, arcevesque de Tours à présent [2], combien qu'il ait mis homage simple oudit adveu.

Ibid., II, 169.

III

PROCURATION DE HUGUES BONNIN

(12 octobre 1348.)

A touz ceus que ces presentes lectres verront, Guillaume Morin, garde de la prévosté de Baugency [3], salut.

Saichent tuit que, establi en droit par devant nous, noble home messire Hugues Bonin, chevalier, chastellain de Baugency, fist et establit ses pro-

[1] Au-dessus, dans le cartulaire de Londres, on a ajouté, au XIIIe siècle: *Willelmus, filius ejus*.

[2] Simon Renoul, archevêque de Tours, 1363, † 2 janvier 1380, n. st.

[3] Il y a seulement *Baugen* avec un signe d'abréviation.

cureurs generaux et certins messaiges especiaux, c'est assavoir Jehan Daviau, Jehan La Belle le jeune, Guillot La Belle et Denis de Coulainnes, porteurs de ces lectres, et chescun d'aux par soy pour le tout, ainssi que la condicion de celi qui primier vendra ou comancera ne soit pas la meilleur, et que il aient aussi grant pouer li ung come li autre en toutes ses besoignes et causes mehues et à mouvoir, tant pour luy come contre lui, contre toute personne ecclesiastique et seculiere, par devant touz juiges de chestianté et de court laie. Et donna ledit chevalier à sesdiz procureurs, et à chescun d'aux par soy pour le tout plein pouer, et delivre et mandement especial de convenir, de reconvenir, de demander et de deffendre, de proposer excepcions et baires dillatoires, declinatoires et peremptoires, de plet entesiner, de faire positions, de respondre aux positions des parties adversses, de jurer en l'ame de luy, de chalonge et de vite (?) dire sur principal et sur accessoire, et de fere toutes autres manieres de serment que ordre de droit requiert, d'oir sentences interloqutoires et diffinictives, d'appeler, de suplaier d'appel renouveller, et du pourssuivre, de faire composicion, mise, paiz et transaction, de fere foy et homaige et de jurer fealité, et especialment envers nobles et excellenz princes messire le conte de Namur, bail de la conté de Blois, et messire le conte de Vendosme, ou envers leur genz et envers touz autres de qui il tient ou doit tenir, et de prandre et et recevoir foy et homaige pour luy et en son non, et de fere tout quant (?) que procureurs bons et loyaux pueent et doivent fere et de faire en toutes choses et en chescune tout autant come ledit chevalier feroit et porroit faire se il y estoit tous jourz présent en sa propre personne, combien que la chose requierge mandement especial et la presence de sa personne. Et a et aura ledit chevalier ferme et estable tout ce qui par sesdiz procureurs, et par chescun d'aux, sera fet et procuré, tant pour luy come contre luy, promectant ledit chevalier lealment sur l'obligacion de touz ses biens pour sesdiz procureurs et pour chescun d'aux rendre et paier ce qui sera fet et jugé, se mestiers est. Et ne rappelle pas ledit chevalier par ces lectres ses procureurs faiz et establiz par avant ces lectres ne le pouer d'iceulx, aincois les conferme.

Ce fut fait l'an de grace mil CCC. quarente et huit, le dimenche apres la saint Denis.

Pe. Leconvers.

Original parchemin, jadis scellé sur simple queue. — Archives du château de Beaumont-la-Ronce.

IV

EXTRAIT DU COMPTE DE PHILIPPE GAUBERT

(25 décembre 1390.)

Le compte de maistre Philippe Gaubert procureur (?) de Dunois des esploiz du baillaige de Dunois pour le terme de Noël l'an [M] IIJ^{c} IIIJ^{xx} dix.

. . . .

De Jehan Bonin escuier, pour la finance du rachat de la mestaierie de Villefrelon et appartenances tenue nuement de mondit seigneur à cause de son chastel de Marchesnoir, lequel rachat est deu a mondit seigneur à cause du mariaige dudict Bonin de la feme feu mestre Martin du Frezon mouvant ladite mestaierie du patremoigne de ladite feme finé a Messieurs du conseil a XXX^{l}.

Original parchemin. — Archives du château de Beaumont-la-Ronce.

V

AVEU RENDU PAR PIERRE DE BUEIL, SEIGNEUR DES PETITS-CHATELLIERS A GUILLAUME BONNIN, SEIGNEUR DES GRANDS-CHATELLIERS

(4 septembre 1397.)

De vous noble homme Guillaume Bonnin seigneur des Grans-Chasteliers, je Pierre de Bueil chevalier seigneur des Petiz-Chasteliers, tiens et advoue à tenir à foy et hommage simple les chouses qui s'ensievent. C'est assavoir sept sols trois deniers de cens un prouvendier de saigle, une mine d'avaine, un pain un denier un chapon de bliage que Macé Perret me doit chacun an au landemain de Nouel par raison de certaines chouses qu'il tient de moy a celui devoir. Item, deux souls de cens un prouvendier de saigle, une minc d'avoinc, un pain, un denier et un chapon de bliage que ledit Macé Perret me doit chacun an audit iour par raison de certaines chouses qu'il tient de moy a celi devoir. Item, cinq deniers de cens, demi boesseau de saigle, un boesseau et demi d'avaine, le quart d'un pain, d'un denier, d'un chapon de bliage, que la fille feu Jehan Launay me doit chacun an audit iour par raison de certaines chouses qu'elle tient de moy a celi devoir. Item : seze deniers de cens que Jehan Quentin le jeune me doit chacun an audit jour par raison de certaines chouses qu'il tient de moy a celi devoir. Item, doze deniers de cens, une mine de saigle, un stier d'avaine, deux pains, deux deniers et deux chapons de bliage que Perrot Millet me doit chacun an audit jour par raison de certaines chouses qu'il tient de moy a celi devoir. Item, doze deniers de cens, un provendier de saigle, une mine d'avaine, un pain, un denier et un chapon de bliage que Jehan Quentin l'esné me doit chacun an audit jour par raison de certaines chouses qu'il tient de moy a celi devoir. Item, treize deniers de cens, un provendier de saigle, une mine d'avaine, un pain, un denier, un chapon de bliage que ledit Quentin et Jehan Engignart me doivent chacun an audit jour par raison de certaine chouses qu'ils tiennent de moy a celi devoir. Item : un denier de cens que Jullian Fouacier me doit chacun an audit jour par raison de certaines chouses qu'il tient de moy a celi devoir. Item : cinq souls de cens, un stier d'avaine, un pain, un denier, un chapon de bliage que Jullian Fouacier, en son nom et comme héritier de feu Michel Fouacier, son frère, me doit chacun an audit jour par raison de certaines chouses qu'il tient de moy a celi devoir. Item : soixante deux souls maille de tailles que plusieurs personnes me doivent chacun an au jour de la Saint Pere, premier jour d'aoust, par raison de certaines chouses qu'ils tiennent de moy a celi devoir. Item : deux souls de cens, une mine de froment de rente que Julian Fouacier, en son non et comme héritier de feu Michel Fouacier, son frère, me doit chacun an au jour de la Toussains par raison de certaines chouses qu'il tient de moy. Item : la foy et homaige simple et quinze deniers de servige que messire... Tarresse, prestre, me doit rendable ledit servige chacun an au jour de la Saint Père, premier jour d'aoust, par raison de certaines chouses qu'il tient de moy. Item : mon terrage de touz blez par tout mon fié, c'est assavoir de dix gerbes une. Es quelles chouses dessus dites je advoue tenir assimple voyerie et tous ce qui en deppent [à] présent et doit deppendre selon la coustume du pais. Par raison desquelles chouses dessus dites je vous dois la foy et homaige dessus diz et cinq souls de servige que je sui tenu vous paier chacun an au jour de la Saint Père d'aoust, et les loiaulx aides elles raviennent selon raison et la coustume du pais, plege, gaige, honnour, reverance avec toute obbeissance telle comme home de foy et homaige simple doit à son seigneur de fié et de foy simple, et faiz protestacion de déclaret lesdites chouses a vous on avor alloez plus amplement se mestier est touteffois que raison doner et j'en seré sommé et requis. Et auxi fais protestacion que si j'avoie aucune chose oblié à mettre en cest presente, avon de la mettre et emploie si tost qu'il sera venu a ma congnoissance. En tesmoing desquelles chouses je vous en rens cest présent escript pour aveu scellé de mon scel le iij^{e} jour de septembre de l'an de grace mil CCC iiij^{xx} dix sept.

Original parchemin, jadis scellé sur double queue. — Archives du château de Beaumont-la-Ronce. — Une copie très incorrecte du XVIIIe siècle accompagne cette pièce.

VI

AVEU RENDU A GUILLAUME BONNIN PAR OLLIVIER GUERRY

(7 juin 1446.)

Noble homme Guillaume Bonin, écuyer, seigneur des Chastelliers, reçut l'hommage que lui rendit, le 7 juin 1446, Olivier Guerry des choses héritaulx qu'il tenait de lui, pour raison de son fief et seigneurie des Chastelliers, scavoir : le lieu de Guerry, ainsi qu'il se poursuivait et comportait, contenant tant en maisons, jardins, etc., 3 arpents ou environ, joignant d'un bout au chemin tendant de Neufviz à Beaumont-la-Ronce, de l'autre au chemin tendant le lieu des Chastelliers à Tours, etc. Pour lesquelles choses il lui devait par chacun an, le jour de St Pierre d'aoust, 3^{s} 6^{d} de cens, et deux poulles au jour de Nouel.

Original parchemin, signé Bouchier et Fournier.

[1] « Cet acte porte tous les caractères de la vérité, mais il a été vicié, à l'endroit de la date, de la longueur tracée par cette ligne : ________________ l'écriture est d'environ 1490. » (*Note de la main de Chérin.*) Cette pièce n'est plus au chartrier de Beaumont-la-Ronce; nous la reproduisons d'après Chérin, vol. 31, doss. 632.

VII

PIERRE BONNIN DE LA BONNINIÈRE

CONTRAT DE MARIAGE DE PIERRE BONNIN ET DE KATHERINE LE BRUYEND

(31 août 1459.)

Saichent tous presens et avenir que en la cour temporelle de Monseigneur le Thesaurier en l'église Monsieur saint Martin de Tours, à Tours en droit pardevant nous personnellement establi noble homme Hugues Le Bruyend seigneur du Plesseis Renault et Jacquete Peignée damoiselle sa femme de luy suffisament autorisée quant au fait qui sensuit d'une part, et Pierre Bonnin escuier seigneur des Chastelliers d'autre part. Soubzmectans eulx leurs hoirs avecques touz et chacuns leurs biens meubles et immeubles ou qu'ils soient présents et avenir a la juridiction povoir et ressort de ladite court sans aucune autre advouer requerir ni demander quant au fait qui s'ensuit, lesquels ont cogneu confessé en droit en laditte court que on traictée du mariage pourparle et que au plaisir de Dieu la consomme et acomplir en face de sainte Eglise entre ledit Pierre Bonnin escuier seigneur desdits Chastelliers et Katherine fille dudit noble homme Hugues Le Bruyend et sadite femme ont esté accordées et promises entre ledit Le Bruyend et Pierre Bonnin les choses qui s'ensuivent : C'est assavoir que ledit Le Bruyend et saditte femme avec l'autorité que dessus ont promis et promettent bailler et paier audit Bonnin et a leur ditte fille en avancement de son droit naturel en faveur dudit mariage la somme de quatre cens écus d'or a present aiant cours dont il baille la somme de trois cens cinquante écus avant que aucune benediction intervienne en face de ladicte sainte Eglise, et au regard des cinquante écus restant desdicts quatre cens écus, ils ont promis et promettent les rendre et paier auxdits Bonnin et saditte femme future dedans trois ans prochains venans, vestiront iceux Le Bruyend et sa ditte femme leur ditte fille honestement selon son cas et état, et feront les despenses de la fête des espousailles à leur propre conte et depens et par ce moïen ledit Bonnin a promis et promet par ces présentes mettre et emploié desdits quatre cens écus la somme de deux cens écus en heritage qui sera le propre heritage de ladicte Katherine et ou cas qu'il n'emploie laditte somme en la manière dessusditte, icelui Bonnin dès maintenant pour lors et deslors pour maintenant baille et transporte assiet à laditte Katherine vingt livres tournois de rente sur son heritage et patrimoine et sur chacune partie et portion d'icelui pour le tout, laquelle lui sera paiée et restituée et le paiement de laditte somme de deux cens écus fait, il demeurera quitte et déchargé de ladicte rente, et s'il advenois que ladicte Katherine alla de vie a trespas sans hoirs de chaire dedans l'an de ses espousailles, ledit Bonnin a promis et promet rendre et restituer audict Le Bruyend et sa femme ou leurs heritiers, ladicte somme de trois cens cinquante escus; et avec ce a promis ledict Bonnin de bailler et asseoir douaire à ladicte Katherine selon la coustume du pays, et si ledict Bonnin veult retourner a partage après la mort desdicts Le Bruyend et sa femme, faire le poura pourvu que sur toute la succession les hoirs dudicts Le Bruyend prendront vingt livres de rente les premiers presents sans ce qu'il preigne aulcune chose, et au seurplus de ladicte succession ils viendront a partaige selon la coustume du païs; et quant a tout ce que dessus est dict tenir, garder enterigner et accomplir sans jamais faire ne venir encontre et aux domaiges amender rendre et restituer l'une partie à l'autre, si aulcune en y avoit par deffault de non tenir les choses ou aucune d'icelles, lesdictes parties et chacune d'icelle en tant que leur touche ont obligé et obligent eux leurs hoirs avec tous et chacuns leurs dicts biens et choses meubles et immeubles où qu'ils soient, présents et advenir, et ont renoncé et renoncent à toute excepcion exception deception de mal de fraude de lezion de circonvencion et a toute quelconque autre decepvance et par especialle ladicte Peignée en droit de belleyen et généralement à toutes et chacune les autres choses à ces faits contraires. Ce fut faict audict Tours et ès présences de Raymonet Raiolle seigneur d'Avantigny, Pierre Le Noir et Pierre Lailler escuiers tesmoins a ce requis et appellez et juigé a tenir par le jugement de ladicte court lesdictes parties présentes et consentantes et promectantes par les foiz et serment de leur corps de non jamais faire ne venir encontre et scellé a leur requete du seel establi et dont l'en use aux contractz de ladicte court dudict thesaurier en tesmoin de vérité ce dernier jour d'aoust l'an mil CCCC cinquante neuf.

Passé par moy

P. Gorgeart (*avec paraphe*).

Original parchemin, jadis scellé sur double queue. — Archives du château de Beaumont-la-Ronce. — Une copie assez incorrecte du XVIIIe siècle accompagne cette pièce.

VIII

CONTRAT DE MARIAGE DE PIERRE HAMART AVEC MARIE DE VILLIERS

(12 août 1462.)

Sachent tous présents et avenir que en nostre court de Baugé, en droit, pardevant nous personnellement establiz, nobles personnes Robert de Villiers, escuier, seigneur de Lauberdière en la parroisse de Bocé, Pierres Bonnin escuier, seigneur des Chasteliers en la parroisse de Beaumont de la Ronxe en Tourraine, et Pierre Hamart escuier, seigneur de la Boyvinière en ladite parroisse de Beaumont, frère puisné dudit Bonnin; soubzmectans eulx, leurs hoirs, et chacuns leurs biens meubles et immeubles présents et avenir au povoir, ressort, et juridicion de madite court quant à ce, confessent de leur bon grez sans aucun proforcement, que en parlant, traictant, et accordant le mariage d'entre ledit Pierres Hamart escuier d'une part, damoyselle Marie de Villiers, fille dudict Robert de Villiers, afin que iceluy mariage fust parfait, consommé et adcomply, ont esté traictées, promises et accordées les parrolles telles et par la forme et manière qui s'ensuit. C'est assavoir que ledit Robert de Villiers donne et octroie à sadite fille, en faveur dudit mariage la somme de cent cinquante escus d'or neufs, a présent aiant cours a une foiz paier, de laquelle somme il en a baillé manuellement content en nostre présence audit Hamart le jour des effiançailles la somme de cent escuz et l'outreplus de ladite somme qui est cinquante escuz, il a promis bailler le jour des espousailles, avant benediction faicte; et avecq ce, baille et octroie ausdits Hamart et Marie, ledit mariage enterigné et parfait, la somme de cent deux solz six deniers tournois de rente annuelle que lui doivent par chacun an les personnes cy dessoubz nommées; c'est assavoir Michel Chedoir demourant en la ville du Lude, soixante quinze solz tournois, et Perrin Petit-Pas et Guillemine sa femme, vingt sept solz six deniers tournois, ainsi que plus aplain paru et (?) apparoir par certaines lectres obligatoires lesquelles ledit de Villiers sera tenu bailler et mectre es mains dudit Hamart dedans le jour des espousailles. Et ledit Pierre Bonnin escuier, frère aisné dudit Hamart a donné et octroié, et par ces présentes donne et octroie perpetuellement par heritage ausdits conjoins futurs et a leurs enffans nez et procréez d'eulx deux en leur mariage le nombre de doze sextiers de blé de rente annuelle et perpétuelle; c'est assavoir huit sextiers de froment et quatre sextiers de seigle, assise et assignée icelle rente sur le lieu domaine et appartenance des Mortiers en ladite parroisse de Beaumont, lequel lieu ung nommé Gervese Le Noustre tient et possède de présent, en telle condicion que au cas que lesdits conjoins futurs n'auroient enffans d'eulx deux, ladite rente de blé retournera audit Pierres Bonnin ou aux ayans sa cause après la mort et trespassement desdits Hamart et Marie. Et tenuz iceulx conjoins futurs servir et continuer audit Pierre Bonnin ou aux ayans sa cause deux deniers tournois de devoir le jour Saint Michel pour touz devoirs et charge en garantissement de ladite rente. Et en cas que ladite Marie alloit de vie a a trespassement avant ledit Pierre Hamart, sans hoirs de leur char, ledit Hamart ses hoirs et ayans cause sera tenu rendre et restituer audit Robert de Villiers ou aux ayans sa cause la somme desdits cent cinquante escuz et les cent deux solz six deniers tournois de rente ou la somme de cinquante escuz pour lesdits cent deux solz six deniers de rente, s'il advenoit que ladite rente ne fust plus en leurs mains, dedans l'an et le jour après la mort et trespassement de ladite Marie, ou vingt livres tournois de rente assise et assignée sur ladite terre de la Boyvinière au choais dudit Hamart. Et au regart du douaire de ladite Marie, ledit Pierre Hamart a voulu et consentiz, vieult et consent par ces présentes que au cas qu'il alloit de vie à trespassement avant ladite Marie que elle ait et preugne pour son droit de douaire lesdits doze sextiers de blez de rente dessus déclarez en la forme que dessus est dit avecques doze livres tournois de rente assise et assignée généralement sur le lieu, terre et appartenances de la Boyvinière et sur les deppendances d'iceluy lieu, c'est assavoir sur les mestaeries de la Jacquelinière et de la Galerie. Item est dit et accordé par motz exprès entre lesdites parties que après le decès et trespas dudit Robert de Villiers et de damoyselle Jehanne Saullaie sa femme lesdits Hamart et Marie pourront venir à partaige de la succession desdits de Villiers et sa femme en rapportant la somme de deux cens écuz d'or tant seullement. Auxquels accors, promesses et convenances déssusdites et a tout ce que dessus est dit et divise tenir, enterigner et adcomplir, et avoir ferme, estable, et agréable tant d'une part que d'autre, sans jamais faire ne venir encontre par applegement, contrapplegement, opposicion ne autrement en aucune manière. Et eulx entregarder sûr et de touz dommaiges, obligent lesdites parties et chacuns d'eulx en tant et pour tant que luy touche et puet touchier eulx, leurs hoirs avecques tous et chacuns leurs biens meubles et immeubles quelsqu'ils soient présens et avenir. Renonczans pardavant nous quant a ce a toutes et chacunes les choses qui de fait, de droit, ou de coustume pourroient estre dictes, proposées ou alleguées contre la teneur de ces présentes lettres. Et de non jamais venir en tout en nulle manière ni par aucun fait. Sont tenues lesdites parties chacune pour tant que luy touche par les foy et sermens de leurs corps sur ce donnée en nostre main dont nous les avons jugés et condampnés a leurs resquestes et de leurs consentemens par le jugement de nostredite court. Et furent à ce présens nobles hommes Thomas Dupont et Jehan son fils, Pierre Lorriere, Pierres Rougier dit Cathors seigneur de la Chieze, Pierre Poier dit Lavare, Raymon Houquerel, Jamet Augier seigneur du Plesseis et autres. Ce fut fait et donné le XIIe jour d'aoust, l'an mil CCCC soixante deux.

G[s] REGNAULT.

En marge est écrit : Contract de mariage de Pierre Hamart, syeur de la Boyninière, paroysse de Beaumont, et damoyselle Marie de Villiers, fille de Robert de Villiers et de Jeanne Saulaie sa femme (*écriture du* XVIIe *siècle*) en présence de nobles hommes Thomas Dupont, Jean son fils, Pierre Lorriere, Pierre Rougier, Pierre Poier, Raymon Houquerel, Jamet Augier et autres. — 67e pièce, cote 73 (*paraphe*) (*écriture du* XVIIIe *siècle*).

Au dos se lisent les indications suivantes : Lectre de mariage pour noble homme Pierre Hamart, escuier, seigneur de la Boyniniere en la paroisse de Beaumont (*écriture du* XVe *siècle*). *Dans un angle :* Graffimere (*écriture du* XVIe *siècle*). Contrat de mariage de Me Pierre Hamart, sieur de la Boininière, paroisse de Beaumont, et damoiselle Marie de Villiers, fille de Mre Robert de Villiers, seigneur de l'Auberdière. 1462 (*écriture du* XVIIe *siècle*).

1462 — Thomas et Jean son fils — Contrat de mariage de noble Pierre Hamart écuyer seigneur de la Boyvinière, frère de Pierre Bonnin écuyer et seigneur des Chastelliers, avec dam[elle] Marie, fille de Nobles Robert de Villiers écuyer, seig[r] de Lauberdière et de dam[elle] Jeanne Saullaye sa femme, auquel sont témoins nobles hommes Thomas du Pont et Jean son fils avec plusieurs autres. — Parafé ne varietur Voysin de la Noiraye — *a a a* (*paraphe*) — *B* (*paraphe*) — troisieme (*paraphe*) (*écriture du* XVIIIe *siècle*).

Pièce parchemin de 0[m],35 sur 0[m],25. Sceau perdu. — Archives du marquis d'Oysonville, au château du Bouchet.

1° 1450. Déclaration de Genest Lenoustre à noble homme Pierre Bonin.
2° 1451. Déclaration de Guillaume Pinson.
3° 1460. Déclaration de Richard d'Auxerre.
4° 1464. Autre déclaration.
5° 1471. Aveu rendu par Pierre Bonnin à la seigneurie de Maillé.
6° 1481. Déclaration de Pierre Brisset.

7° 1487. Contrat d'acquêt fait par Pierre Bonnin en présence de Catherine Le Bruyend, sa femme.

8° 1489 (3 juillet). Déclaration de Jean Rousseau.

9° 1489 (7 juillet). Déclaration de Pierre Gibaut.

10° 1492. Aveu de Pierre Bonnin à la seigneurie de Maillé.

11° 1497 (6 juin). Aveu de Denis Potier à Pierre Bonin du fief de la Héronnière.

12° 1499 (16 juin). Déclaration de Guillaume L'Huillier.

13° 1505. Déclaration de Colin Benoît à noble homme et puissant seigneur Pierre de la Bonninière.

GUÉRIN DE LA BONNINIÈRE

1° 1494. Son contrat de mariage. (Copie au chartrier.)

2° 1508. Déclaration de la veuve Pitroye.

3° 1508. Déclaration de Pierre Lenostre.

4° 1510. Déclaration de Micheau Thierry.

5° 1510. Déclaration de Guillaume Pigou.

6° 1524. Déclaration de Jean Renier.

7° 1525. Accord entre Guérin et Abel de la Bonninière.

8° 1527. Déclaration de Florimond Guéry.

9° 1532. Reconnaissance de Martine, veuve de Guillaume Lenostre.

10° 1532. Autre reconnaissance. (N'est pas au chartrier.)

JACQUES DE LA BONNINIÈRE

1° 1522. Son contrat de mariage.

2° 1530. Déclaration de Simon Chedpeau.

3° 1536. Déclaration de Jeanne Pressaigle.

4° 1537. Déclaration de Geoffroi Boullai.

5° 1537. Donation faite par Abel de la Bonninière à Olive Louau, femme de Jacques de la Bonninière.

6° 1537. Sentence de partage rendue au siège de Tours.

7° 1545. Accord équivalent à partager passé à Beaumont-la-Ronce.

JEHAN DE LA BONNINIÈRE

1° 1537. Son acte de baptême.

2° 1563. Son contrat de mariage.

LOUIS DE LA BONNINIÈRE

CHEVALIER

1° 1595. Contrat de mariage de Louis de la Bonninière avec Françoise Gallois.

2° 1595. Partage entre Louis de la Bonninière et Anthoynette sa sœur, femme de Gilbert de Hervaut-Bussy.

3° 1599. Aveu rendu par Louis de la Bonninière de sa seigneurie des Châteliers.

4° 1603. Transaction entre Louis de la Bonninière et Marie de Savary sa mère, veuve de Jean de la Bonninière, remariée à Anthoyne de Chapuiset.

5° 1629. Cession par Françoise de Gallois, veuve de Louis de la Bonninière, à Anne de la Bonninière son fils.

IX

PREUVES DE NOBLESSE POUR CLAUDE-GUILLAUME DE LA BONNINIÈRE

Claude-Guillaume de la Bonninière, seigneur des Chastelliers et du Fresne Savari, demeurant dans la paroisse de Saint-Martin de Beaumont-la-Ronce, diocèse, élection et généralité de Tours. Naquit le 28 septembre 1673, fut reçu page du roi dans sa grande écurie le 20 d'aout 1689, et il épousa, le 19 février 1703, Marie-Jeanne-Marguerite-Renée Simon, fille de Jean Simon, ecuyer s^r de Claire et de Touffreville, et de Jeanne-Marguerite Angeneau.

De ce mariage il eut un fils et une fille, celle-ci nommée Marie-Jeanne de la Bonninière, qui épousa au mois de novembre 1723 Nicolas-David Huraul, s^r de Saint-Denis près de Blois, et Jean-Baptiste-Claude de la Bonnière leur fils ecuyer s^r des dits lieux du Fresne Savary et des Chasteliers, naquit le 5 d'aout 1708 et fut reçu aussi page du roi dans sa grande écurie le 28 mars 1725, sur les titres produits tant par lui que par son père et qui justifient que ledit Claude-Guillaume de la Bonninière était fils de

Claude de la Bonninière écuyer s^r^ du Fresne-Savari et d'Anne du Bois, sa femme, qu'il avait épousée le 10 juillet 1669 — fille de Guillaume du Bois, écuyer s^r^ de Laval péan, du plessis-le-château et de Courceriers, et de Nicole du plessis-Châtillon. Que ledit Claude de la Bonninière eut pour père et mère Anne de la Bonninière escuyer s^r^ des Chasteliers et Catherine Oudart sa femme, fille de Claude Oudart, s^r^ de la Faye près de Chinon et d'Honorée de Thiennes. Que ledit Anne de la Bonninière était fils ainé et heritier principal de Louis de la Bonninière ch^r^ s^gr^ des Châteliers, enseigne de la compagnie des gendarmes de M. le maréchal de Fervacques, et de Françoise Galois sa femme

Et que ledit Louis de la Bonninière, lequel fit un partage noble le 4 décembre 1595 avec Antoinette et Renée de la Bonninière, ses sœurs, des biens de Jean de la Bonninière leur père, aussi s^r^ des Chastelier, était issu au quatrième degré de Pierre de la Bonninière, son trisayeul écuyer s^r^ de la même terre des Chasteliers et dont le fils Guérin de la Bonninière écuyer s^r^ dudit lieu, fut marié le 28 octobre 1494 avec Perette de Montplacé D. de Gaudelin, fille de Jean de M. écuyer s^r^ de M. et d'Anne Liziart.

Ledit sieur de la Bonninière qui donne lieu à cet article avait deux frères chevaliers de Malthe, l'un nommé Joseph de la Bonninière, et l'autre Jacques-Philippes de la Bonninière, lequel fut tué au siège d'Oran en Afrique.

(*D'argent à une fleur de lis de gueules.*)

(Bibl. nat., mss. Cab. des tit., pièces originales.)

X

UNION DES TERRES ET SEIGNEURIES DE BEAUMONT-LA-RONCE ET DES CHATELIERS ET ÉRECTION DESDITES TERRES EN MARQUISAT POUR LE SIEUR DE LA BONNINIÈRE DE BEAUMONT

(Du mois d'aoust 1757.)

LOUIS, PAR LA GRACE DE DIEU ROY DE FRANCE ET DE NAVARRE, à tous présens et avenir salut. Notre cher et bien aimé Jean-Claude de la Bonninière, sieur de Beaumont, cy devant officier dans notre régiment d'infanterie, nous a fait représenter qu'il est propriétaire de la terre seigneurie de Beaumont-la-Ronce, dans notre province de Touraine, composée d'un château, domaine, cens, rentes, prés, bois en coupes réglées, au nombre d'environ seize cent quatre vingt dix arpents, dixmes, étangs et droits en dépendans, avec la mouvance des fiefs de la Salle St Georges, Verneuil, le grand et le petit Coudray, Beauregard et les Vaux, la dixme homagée sur les dits fiefs du Coudray et de fosse-platte, le fief de la Courtie situé paroisse de Beaumont réuny à la dite terre qui relève en entier du Duché pairie de Luynes a foy et hommage lige en cinquante sols de loyaux aydes quand les cas y échoit, avec droit de chatellenie, haute, moyenne et basse justice, de banc-vin, de péage pour les marchandises qui passent sur la seigneurie, réglé par une pancarte et exercé, droit de marché les vendredis et de foires les jours de St Jean-Baptiste et de St Martin d'hiver et d'esté, suivant la possession immémoriale et les aveux, et tous les autres droits attribués par la coutume et lesdits aveux. Comme aussy de la terre et seigneurie des Châteliers qui s'étend en la dite paroisse de Beaumont-la-Ronce, et en celles de Neuvy et Louestault consistant en château en partie demoly, domaine, maîtérie, étangs, cens, rentes, dixmes, bois de futaye, et taillis, au nombre de quatre cent arpents environ, de laquelle relève les fiefs de Beauvais et de la Ronce, réunis à ladite seigneurie qui relève en entier à foi et hommage lige du duché Pairie de Luynes, a quarante jours de garde, et vingt sols de loyaux aydes quand le cas y échoit, ladite terre avec droit de haute moyenne et basse justice dont les appellations avec celles de Beaumont sont portées au siège Ducal de Luynes, lesquelles terres réunies produisent un revenu considérable et seraient disposés à recevoir le titre et dignité de Marquisat s'il nous plaisait les en décorer, et accorder au sieur exposant nos lettres sur ce nécessaires. Il a d'autant plus lieu d'espérer cette grâce, qu'il est d'une famille distinguée de la province de Touraine, dont les ancestres jouissaient de la noblesse dès le commencement du quatorzième siècle, et ont toujours servy dans nos troupes, le Père de l'exposant, après avoir été Page de la Grande Écurie, entra dans notre Régiment où il a fait plusieurs campagnes. Le sieur exposant à son exemple a été Page de notre grande Écurie, et a servy neuf années dans le même Régiment; il a receu un coup de fusil dans la cuisse à la bataille de Parme, et n'a quitté le service que lorsque sa santé ne luy a plus permis de le continuer; son fils est depuis près de trois ans officier dans notre Régiment; il a eu un Oncle chevalier de Malte qui a été tué au siège d'Oran, étant au service de l'Ordre; ses ancestres n'ont épousé que des filles de condition. Ledit sieur exposant, outre lesdites terres possède encore celles de Launay, Fontenay, les Matras, Guigny, et le Plessis-Bouchard, ce qui le met en état de soutenir avec la distinction convenable le titre que nous voudrions bien lui accorder. A ces causes, et pour autres considérations, voulant donner audit sieur de la Bonninière de Beaumont les marques de distinction qu'il mérite par sa naissance et son ancienne noblesse, et reconnaître ses services et ceux de sa famille par un titre qu'il puisse transmettre à ses descendants, nous avons les dites terres et seigneuries de Beaumont-la-Ronce et des Châteliers, leurs appartenances et dépendances jointes, unies, annexées et incorporées, et par ces présentes signées de notre main joignons, unissons, annexons et incorporons pour ne composer à l'avenir qu'une même terre et seigneurie, laquelle terre et seigneurie, ses circonstances et dépendances, nous avons de notre grâce spéciale, pleine puissance et autorité Royale, CRÉÉE, ÉRIGÉE, et ÉLEVÉE, créons, érigeons, et élevons, par ces mêmes présentes en titre et dignité de Marquisat sous la dénomination de Beaumont-la-Ronce, pour être à l'avenir ladite terre et seigneurie tenue et possédée audit nom, titre et dignité de Marquisat par ledit sieur Claude de la Bonninière de Beaumont, et ses enfants, postérité et descendans masles, nés et à naître en légitime mariage, seigneurs et propriétaires de ladite terre et seigneurie. Voulons et nous plaît qu'ils puisse se dire, nommer et qualifier, et qu'ils soient nommés et qualifiés marquis de Beaumont-la-Ronce en tous actes et en toutes occasions, tant en jugement que dehors, et qu'ils jouissent des mêmes honneurs, armes, blasons, droits, prérogatives, autorités, prééminences, en fait de guerre, assemblées d'états, et de noblesse et autres avantages et privilèges dont jouissent ou doivent jouir les autres marquis de notre Royaume, encore qu'ils ne soient cy particulièrement exprimés. Que tous vassaux, arrière-vassaux, justiciables et autres tenans noblement ou en roture des biens mouvans et dépendants dudit marquisat de Beaumont-la-Ronce le reconnaissent pour Marquis; qu'ils fassent les foys et hommages et fournissent leurs aveux, déclarations et dénombrements sous les dit nom, titre et dignité de Marquis de Beaumont-la-Ronce, et que les officiers exerçant la justice dudit Marquisat intitulent à l'avenir leurs sentences et autres actes et jugements audit nom, titre et dignité de Marquis; sans toutefois aucun changement ny mutation de Ressort et de mouvance, augmentation de justice, et connaissance des cas Royaux qui appartiennent à nos Baillifs et seneschaux; et sans que, pour raison de la présente Érection, le sieur marquis de Beaumont-la-Ronce et ses enfants et descendans soient tenus envers nous, et leurs vassaux et tenanciers, envers a autres et plus grands droits et devoirs que ceux dont ils sont actuellement tenus, ny qu'au defaut d'hoirs masles, nés et à naître en légitime mariage, nous puissions, ou les Rois nos successeurs prétendre lesdites terres, seigneurie et marquisat, leurs circonstances et dépendances être réunies à notre couronne, nonobstant tous édits, déclarations, ordonnance et règlements sur ce intervenus et nottament l'édit du mois de juillet quinze cent soixante six auxquels nous avons dérogé et dérogeons par ces présentes pour ce regard seulement et sans tirer à conséquence et sans innover aux droits et devoirs qui pourraient être deubs à d'autres qu'à nous, si aucuns il y a auxquels nous entendons que ces présentes ne puissent aucunement préjudicier, à la charge toutefois par le sieur de la Bonninière Marquis de Beaumont-la-Ronce, ses enfants et descendans, seigneurs et propriétaires de ladite terre seigneurie et Marquisat, de relever de nous pour raison de la dignité de Marquis seulement, en une seule foy et hommage, et de nous payer, et aux Rois nos successeurs, les droits ordinaires et accoutumés, si aucuns sont deubs par rapport à ladite dignité, tant que ladite terre et seigneurie s'en trouvera décorée, et qu'au déffaut d'hoirs masles, nés en légitimes mariages, ladite terre, seigneurie et Marquisat retourneront au même et semblable état et titres qu'elles étaient avant ces présentes. Si donnons en mandement à nos amés et féaux conseillers les gens tenans notre coûr de Parlement et Chambre des Comptes à Paris, Présidents trésoriers de France et généraux de nos finances à Tours, et à tous nos autres officiers et justiciers qu'il appartiendra que ces présentes ils ayent à faire registrer et de contenu jouir et user ledit sieur de la Bonninière Marquis de Beaumont-la-Ronce et ses enfants, postérité et descendans, pleinement, paisiblement et perpétuellement, cessant et faisant cesser tous troubles et empêchemens, et nonobstant tous Édits, déclarations, Ordonnances, arrests et Règlements à ce contraires auxquels et aux dérogatoires des dérogations y contenus, nous avons dérogé et dérogeons par ces dites présentes, pour ce regard seulement et sans tirer à conséquence sauf toutefois notre droit en autres choses à l'autruy en tout, car tel est notre plaisir : et afin que ce soit chose ferme et stable a toujours nous avons fait mettre notre scel à ces dites présentes. Donné à Versailles au mois d'aoust l'an de grâce mille sept cent cinquante sept et de notre règne le quarante deuxième. (Signé) *Louis,* viza : Louis ; (et plus bas :) par le Roi, Phelypeaux, et scellé du grand sceau sur cire verte, pendant a des lags de soye rouge et verte.

Registrées, ouy le procureur général du Roy, pour jouir par ledit Impétrant et ses enfants, postérité et descendans de l'effet et contenu en Icelles, et estre exécutées selon leur forme et teneur, suivant l'arrest de ce jour à Paris, en Parlement, le sept juillet mil sept cent cinquante huit. (Signé) Dufranc.

Registrées en la *Chambre des comptes* ouy le Procureur Général du Roy, pour jouir par l'impétrant, ses enfans, postérité et descendants masles nés et a naître en légitime mariage, propriétaires de ladite terre, seigneurie et Marquisat de Beaumont-la-Ronce, de l'effet et contenu en icelles, aux charges, clauses et conditions portées en l'arrest sur ce fait, le 14 juillet 1758. (Signé) Gougenot.

Registrées ès Registres *du Bureau des finances* de la généralité de Tours, ouy et ce requérant le procureur du Roy, pour jouir par l'impétrant, ses enfants, etc. etc. Fait au Bureau des finances a Tours le 27 aoust 1758. (Signé) Franquelin.

Registrées sur les registres des Remembrances du Baillage et *siège Présidial de Tours* en conséquence de la sentence rendue en la chambre du conseil dudit siège, le 25 novembre 1758, pour jouir par l'impétrant desdites lettres patentes, par moy greffier soussigné. (Signé) Dubois.

Registrées sur le registre des Remembrances du *duché Pairie de Luynes* en conséquence d'ordonnance rendüe ce jourd'huy en la chambre des expéditions dudit siège ce 15 mars 1770. (Signé) Guionneau.

Registrée, ce requerrant le Procureur de la cour sur les Remembrances de la chatellenie de Beaumont-la-Ronce en conséquence de l'ordonnance de ce jour 18 aout 1758. (Signé) Le Taitier, greffier. (Sur la première marge desdites lettres est écrit :) Vu au Bureau général des Aydes de Tours le 30 juin 1772. (Signé) . . . . . (Et sur la première marge est encore écrit :) Insinué à Neuvy le 14 aoust 1758 reçeu 120 livres. (Signé) Billaine.

L'original en parchemin est aux archives du château de Beaumont-la-Ronce. Il en existe plusieurs copies, entre autres aux archives d'Indre-et-Loire, C. 443. — Carré de Busserolles en a imprimé le texte, *Dict. hist. et géogr. d'Indre-et-Loire*, Tours, 1878, I, 176-179.

APPENDICE

MONTPLACÉ

Pérette de Montplacé, femme de Guérin de la Bonninière.

Armes : *D'azur à la croix d'or cantonnée de 4 fleurs de lys de même.*

Pérette de Montplacé était fille d'Anne Liziard, de très ancienne extraction, ainsi qu'il résulte d'un acte de 1050, constatant que Liziard d'Anvers assiste, en même temps que Gauthiers Tyrrel, Hamond de Laval, Gauscelin d'Anthenaise, Richard, vicomte d'Avranches, etc., à un plaid tenu au château de Domfront, par Guillaume, comte de Normandie. (Lainé, art. *Anthenaise,* VIII, 6.)

La famille de Montplacé, originaire de la province d'Anjou, possédait également des terres dans le Maine et en Touraine, et particulièrement la seigneurie de la Pénissière, située paroisse de Maré, et par conséquent très rapprochée de celle des Châtelliers.

De Jehan de Montplacé, père de Pérette, et d'Anne Liziard, sa femme, descendent également MM. de Coislin. Mme de Colasseau, leur grand'mère, était une demoiselle de Montplacé, et possédait encore, en 1793, la terre de la Mothe-Liziard, près Sablé.

La seigneurie de la Pénissière échut à René de Montesson, par suite de son mariage avec Madeleine, fille de Guillaume de Montplacé, seigneur de la Pénissière, lequel mourut en 1580.

LOUAU

Olive Louau, femme de Jacques de la Bonninière (1522).

Fille de Jean Louau, écuyer, seigneur de la Mallouère, co-seigneur de la Cour-de-Meufves, et de Mathurine de Sangon. La sœur d'Olive, Marie

Louau, épousa François d'Argy, seigneur de Mesvre, Teneuil, de Baigneux, etc.

Armes : *D'argent à 4 fasces de gueules.*

RONSART

La famille de Ronsart ou Ronssart, primitivement Rossart, originaire de Hongrie, vint s'établir en France au xve siècle. Elle portait pour armes : *D'azur à trois ross* (poissons) *d'argent posés en pal.* Devises : *Non fallunt futura merentem;* et : *Ne quid nimis.*

Elle s'est divisée en deux branches : l'une établie en Vendômois, les seigneurs de la Possonière ; l'autre en Touraine, qui par son alliance avec les Fromentières donna les seigneurs de Beaumont-la-Ronce.

Philippe de Ronsart, seigneur de Beaumont-la-Ronce, fils de Jacques de Ronsart et de Jehanne de Fromentières, épousa en premières noces Agathe du Mesnil, fille de François-Simon du Mesnil, chevalier, seigneur de Beaujeu, et de Françoise de Pernay. Il en eut quatre enfants :

1° Jehan de Ronsart,

2° Jehan-Baptiste de Ronsart,

3° Charlotte de Ronsart,

4° Jehanne de Ronsart.

Il épousa en secondes noces, par contrat du 29 juillet 1555, Guyonne de la Bonninière, fille de noble homme Jacques de la Bonninière, écuyer, seigneur des Chastelliers, etc., et de damoiselle Olive Louau. Il n'en eut pas d'enfants, et mourut avant 1596.

DE SAVARY

Marie de Savary, femme de Jehan de la Bonninière (1563).

Fille unique de Jacques de Savary, écuyer, seigneur du Fresne-Savary, et de damoiselle Isabeau de Fromentières. Louise de Fromentières, sœur d'Isabeau, avait épousé Jehan de Maillé, seigneur de Ruillé.

Armes : *D'argent à* 3 *chabots de sable* 2 *et* 1. — Jacques de Savary brisait ses armes, d'après un ancien panneau peint, *d'une bordure engreslée de gueules.*

Les Savary, seigneurs du Fresne, sont un rameau de la famille Savary de Lancosme-Brèves, éteinte en la personne d'Alphonse, marquis de Lancosme, dont deux des petites-filles, Louise et Denise de Gallet de Mondragon, ont épousé Léopold de la Bonninière, marquis de Beaumont, et Jacques de la Bonninière, comte de Beaumont.

Les armes des Savary de Lancosme sont : *Écartelé de sable et d'argent plein.* Suivant un usage fréquent, ces deux branches ne portent pas des armes identiques ; mais les émaux sont semblables, et elles ont constamment contracté des alliances dans les mêmes familles. En 1350, Jehan Savary, seigneur du Fresne-Savary, en la paroisse de Beaumont-la-Chartre, épousa Jehanne de Souvré, d'une des plus grandes familles du Maine, laquelle a donné un maréchal de France. (L'Hermite-Souliers.)

Jehanne Savary, fille de François Savary, seigneur de Pont-de-Ruan et de Saché, et de dame Marguerite Besnard, épouse, en 1540, Louis d'Aloigny, seigneur de la Grange, fils de René d'Aloigny, chevalier, seigneur de la Grange, capitaine de cinquante hommes d'armes des ordonnances, et d'Anne de Crevant. (L'Hermite-Souliers.)

François Savary, seigneur de Brèves, ambassadeur à Constantinople, et neveu de celui qui avait occupé ce poste avant lui, était par sa femme, N..., héritier de Jacques de Fromentières, seigneur de Montigny. Jacques de Savary ayant lui-même pour femme Isabeau de Fromentières, la connexion de ces deux rameaux apparaît évidente.

DE FROMENTIÈRES

Isabeau de Fromentières, femme de Jacques de Savary, écuyer, seigneur du Fresne-Savary (mère de Marie de Savary, femme de Jehan de la Bonninière).

Jehanne de Fromentières, femme de Jacques de Ronsart (mère de Philippe de Ronsart, seigneur de Beaumont-la-Ronce, mari de Guyonne de la Bonninière).

Armes : *D'argent à 2 fasces de gueules.*

La famille de Fromentières est connue depuis François, seigneur de Fromentières au Maine, qui vivait vers 1100, et avait pour femme Anne de la Gravelle.

Sa postérité se continua sans former de branches collatérales jusqu'à Amaury, qui, en 1400, épousa Anne de Courcillon, héritière d'une partie des biens de la maison de Parthenay ; elle lui apporta la seigneurie des Étangs-l'Archevêque, au Maine.

Amaury eut plusieurs enfants; Jean, l'un des puînés, devint seigneur des Étangs, et forma une branche à part.

La branche aînée conserva la seigneurie du Plessis-Fromentières, et de cette branche était Guy, seigneur du Plessis-Fromentières et en partie de Beaumont-la-Ronce, qui fut marié trois fois :

1° A *Françoise de Laval-Boisdauphin,* dont il eut *Anne,* qui épousa Pierre de Champagne, premier baron du Maine;

2° A *Jeanne de Fromentières,* sa parente, fille de René de Fromentières, aussi seigneur de Beaumont-la-Ronce, et de Christine de Daillon du Lude. Il en eut *Jeanne,* mariée à Jacques de Ronsard, lequel fut père de Philippe, qui épousa *Guionne de la Bonninière;*

3° A *Jeanne du Reinier,* marraine de Jean de la Bonninière.

Jacques de Fromentières, frère de René, épousa l'héritière de la maison de Montigny, qui lui apporta cette seigneurie, dont ses descendants prirent le nom.

Son arrière-petit-fils, nommé comme lui Jacques, épousa Léonore de Ferrières, qui lui apporta la baronnie de Montfort-le-Rotrou, possédée très anciennement par une famille de ce nom, et passée successivement par alliance aux maisons de Parthenay, d'Harcourt et enfin de Ferrières.

Jacques n'eut qu'une fille, nommée Jacqueline, qui épousa : 1° Raoul de Chabot, baron de Clairvaut; 2° François de Daillon, seigneur du Saultray, fils puîné du comte de Lude. Elle mourut sans postérité, et sa succession fut partagée entre un grand nombre d'héritiers.

Isabeau de Fromentières, mère de Marie de Savary, descendait de Jean de Fromentières et de Christine de Daillon.

GALLOYS

Françoyse Galloys, femme de Louis de la Bonninière, écuyer, seigneur des Châtelliers (1595).

Fille de noble homme Pierre Galloys, seigneur de Bezay et de Villerongneux, et de Marie Amanjon.

Armes : *D'argent à un fraisier arraché d'azur, surmonté de deux croissants montant de même.*

La famille de Gallois, originaire du Vendômois, ou du moins établie très anciennement dans cette province, y tenait un rang des plus honorables, et était alliée aux principales familles du pays.

Pierre de Gallois, seigneur de Bezé, et Jean son frère, cellerier de l'abbaye de la Trinité de Vendôme, dont les abbés luttèrent si longtemps de puissance avec les comtes de Vendôme, firent construire à leurs frais la chapelle des fonts, qu'ils décorèrent d'un grand vitrail représentant la résurrection de Lazare. (Pétigny, *Histoire du Vendômois.*)

N... de Gallois était femme de Pierre de Laré, seigneur de Cilly, vers 1500. (La Chesnaye, t. VIII, p. 573.)

Marie de Gallois était femme de Jean Courtin, seigneur de Nanteuil, en 1576. (*Id.,* t. V, p. 257.)

Euverte Gallois, trésorier de France, avait pour femme Marie de Lambru, en 1610. (D'Hozier, 1er R., p. 334.)

Marie, leur fille, épousa, en 1636, Anne Hurault, seigneur de Saint-Denys, de la famille du chancelier de Cheverny.

DE MOULINS

Anne de Moulins-Rochefort, seconde femme de Anne de la Bonnière, chevalier, seigneur des Châtelliers, etc.

Fille de...

Armes : *D'argent à 3 anilles de sable.*

La famille de Moulins est une des plus considérables de France. Elle possédait de nombreux et vastes domaines en Touraine, en Anjou, en Bretagne et en Normandie. Elle était alliée aux plus puissantes maisons ; son origine se perd dans la nuit des temps.

En 1179, Roger de Moulins était grand maître de l'ordre de Saint-Jean de Jérusalem.

En 1216, Jeanne de Moulins épousa Pons de Bruyères, chevalier, seigneur de Bruyères-le-Châtel et de Chalabre.

En 1358, Jean de Moulins était cardinal.

Vers la même époque vivait Denis de Moulins, évêque de Paris, puis patriarche d'Antioche.

En 1404, Jean de Moulins, seigneur de Rochefort, du Breuil, etc., épousa Louise Jamin, filleule du roi Louis XI.

En 1497, Jean II de Moulins, seigneur de Rochefort, du Breuil, etc., épousa Jeanne Hurault, sœur de l'évêque d'Autun.

Vers 1519, François de Moulins, précepteur de François Ier, devint grand aumônier de France.

En 1530, Jeanne de Moulins épousa Jacques Viart, seigneur de Courtaujay et de Candé.

En 1610, Louis de Moulins, chevalier, seigneur de Rochefort, du Breuil, etc., épousa Jacqueline de Montmorency-Fosseuse.

En 1690, Louis II de Moulins-Rochefort épousa Charlotte de Clisson-Villeneuve.

ODART

Catherine Odart, troisième femme d'Anne de la Bonninière (1642).

Fille de Claude Odart, chevalier, seigneur de la Fuye et du Vauguérin, et de damoiselle Honorée de Thienne.

Armes : *D'or à la croix de gueules, chargée de 5 coquilles d'argent.*

Famille originaire du Loudunois, bailliage de Touraine. Dès le XIe siècle, ses auteurs comptaient parmi les principaux seigneurs de cette contrée. Sous Philippe le Hardi, ils avaient rang de banneret, et de barons depuis le règne de Charles VI.

Cette famille a formé plusieurs branches. Une seule subsiste encore, c'est celle dont est issue Catherine, troisième femme d'Anne de la Bonninière.

Parmi les premiers dont les noms soient connus, nous citerons Aimery Odart et Pétronille sa femme, qui donnèrent, par une charte datée du règne de Louis VI, la dixme des Loges à Robert d'Arbrissel et au monastère de Fontevrault (vers 1100).

Jehan Odart fut témoin d'un accord passé à Loudun, en 1163, entre Aimery, abbé de Bourgueil, et Hubert de Champagne.

Jehan II Odart, chevalier banneret, seigneur de Verrières et de Rochemaux, confirme une donation faite par son père à l'ordre du Temple, à l'occasion de l'entrée dans cet ordre d'Aimery, son fils puîné (août 1272).

Jean et Guillaume Odart sont cités parmi les chevaliers bannerets de la baillie de Touraine qui firent partie de l'armée que le roi de Navarre conduisit, en 1272, à Philippe III, pour châtier la rébellion du comte de Foix.

Aymar II, qui fit hommage lige, en 1388, à Marie, reine de Jérusalem et de Sicile.

Guillaume II, baron de Curzay, qui épousa, vers 1400, Isabeau, fille de Guillaume de Craon, chevalier banneret, vicomte de Châteaudun, baron de Sainte-Maure, et de Jeanne de Montbazon.

Claude Odart, chevalier, seigneur de la Fuye, de Marigny, de Vauguérin, etc., maître d'hôtel d'Henri de Lorraine, duc de Mayenne et d'Aiguillon, qui épousa, le 18 février 1602, Honorée de Thienne, fille de Nicolas de Thienne, seigneur de Razay, et de Jeanne de Villars (père et mère de Catherine Odart, femme d'Anne de la Bonninière).

Honorée de Thienne était attachée à Louise de Lorraine, épouse de Charles II, duc de Nevers et de Mantoue; cette princesse assista, ainsi que Mlle du Maine, sa sœur, au contrat de mariage de Catherine Odart avec Anne de la Bonninière.

Les filles de la maison Odart ont pris en outre alliance dans celles de Savary de Lancosme, de la Roche des Aubiers, de la Jaille, de Chabot, d'Aubeterre, de Blangy.

DE THIENNE

Honorée de Thienne, attachée à la personne de Louise de Lorraine, épouse de Charles II, duc de Nevers et de Mantoue, femme de Claude Odart, chevalier, seigneur de la Fuye, de Marigny, de Vauguérin, etc. (mère de Catherine Odart, femme d'Anne de la Bonninière).

Armes : *D'argent à un pal vivré d'azur.*

Bonne de la Viefville, dame de Thienne, fille de Jean de la Viefville, seigneur de Thienne, et de Marguerite, dame de la Vacquerie, épouse, en 1420, Jacques, seigneur de Crèvecœur, chevalier, conseiller et chambellan du duc de Bourgogne, chevalier de la Toison d'or. (La Chesnaye des Bois.)

En 1686, Pierre d'Argy, chevalier, seigneur de Manne et de la Martinière, épouse Marie-Anne, fille de François de Thienne, seigneur de la Mardelle, et d'Henriette de Fillet de la Curée. Le mariage eut lieu au château de Vauguérin, paroisse de Trogues, près Chinon, qu'avait également habité Honorée de Thienne.

En 1690, Gaspard de Tascher, seigneur de la Pagerie, près Blois, épouse Henriette, fille d'Henri du Plessis, seigneur de Savonnières, et d'Agathe de Thienne.

DU BOIS

Anne du Bois, femme de Claude de la Bonninière (1669).

Fille de Guillaume du Bois, chevalier, seigneur des Bordeaux, de Longué, de Laval-Péan, du Plessis-le-Château, d'Igé et de Courceriers, et de damoiselle Nicole du Plessis-Châtillon.

Parmi les principales alliances de la famille du Bois, nous citerons :

René de Faudouas, chevalier, seigneur de Sérillac, capitaine au régiment de Normandie, épousa Nicole, fille de Pierre de Carrey, seigneur de Bellemare, et de Marie du Bois.

Victor-François, prince de Broglie, maréchal de France, épousa en premières noces, vers 1700, Anne, fille de Claude-Thomas du Bois, seigneur de Villiers (La Chesnaye des Bois, 1er c., p. 16.)

Étienne de Goyon, seigneur de Launay-Bougnin, deuxième fils d'Alain III et de Jacqueline de Rieux, épousa Mahaut, fille de François du Bois.

Bertrand II, seigneur de Montbourcher, épouse, vers 1300, Roberte du Bois de Courceriers. (La Chesnaye des Bois, 2e c., p. 77.)

Bertrand III épousa Claudine, dame du Bois et de Chambelley. (*Ibid.*)

Françoise de Montbourcher épouse Claude, seigneur du Bois de Pacé.

Françoise de Morant épouse, en 1664, Louis du Bois, marquis de Givry, grand bailli de Touraine, lieutenant général des armées du roi. (La Chesnaye des Bois, 2e c., p. 78.)

Jean de Quatrebarbes, seigneur de la Bizottière, épouse, en 1520, Mathurine du Bois, dame du Cerisier, fille de Jean du Bois, seigneur de Denazé, et d'Isabeau de Poitiers. (*Ibid.*, p. 92.)

Nicolas du Bois, seigneur du Bois-Robert, épouse, en 1606, Marguerite de Bec-de-Lièvre.

François du Bois, chevalier, seigneur du Bois de Maquillé, qui fut député de la noblesse du Maine aux états de Blois, épousa, vers 1580, Suzanne de Courtarvel. (*Ibid.*, p. 4.)

DU PLESSIS-CHATILLON

Nicole du Plessis-Châtillon, femme de Guillaume du Bois, chevalier, seigneur des Bordeaux, de Longué, de Laval-Péan, etc. (mère d'Anne du Bois, femme de Claude de la Bonninière).

Parmi les alliances ascendantes de la maison du Plessis-Châtillon, on trouve :

Nicole du Raynier, épouse de François du Plessis-Châtillon (1570);

Renée du Bellay, épouse de Louis du Plessis-Châtillon (1540);

Jeanne de Mathan, épouse de Jean VI du Plessis-Châtillon (1495);

SIMON DE CLAIRE

Marie-Jeanne-Marguerite-Renée Simon, femme de Claude-Guillaume de la Bonninière, chevalier, seigneur de Beaumont-la-Ronce (1703).

Fille de Jean Simon, écuyer, seigneur de Clère ou de Claire et de Touffreville, et de dame Jeanne-Marguerite Angeneau.

Ledit Jean Simon était fils de Jean Ier Simon, écuyer, seigneur de Claire, conseiller au parlement de Normandie, et d'Anne Loyau. Il eut pour sœurs :

Marguerite Simon, femme de Charles de Cabieul, écuyer, seigneur et patron d'Ingauville, premier président de l'élection du parlement de Saint-Lô,

Et Anne Simon, femme de Pierre du Mesnil-Dolt, écuyer, seigneur et prtron de Viéville.

QUANTIN

Anne-Françoise-Élisabeth Quantin, première femme de Jean-Baptiste-Claude de la Bonninière, chevalier, marquis de Beaumont (1736).

Fille d'André-François Quantin, chevalier, ancien président trésorier de France au bureau des finances de Tours, et de dame Marie-Anne Coudreau.

Veuve en premières noces d'Antoine-Philibert de Torcy, seigneur de Lantilly.

Marie-Anne Coudreau, mariée, en 1696, à André Quantin, était fille d'Ursin Coudreau et de Marie de Gouy d'Arsy, et petite-fille de Mathurin Coudreau et de Françoise Bernin.

C'est par les Quantin que la seigneurie d'Ussé, à la suite de la mort de Louis-Sébastien Bernin, marquis d'Ussé, colonel de dragons, mort sans postérité, et de celle de sa sœur, Henriette Bernin, dite Mlle d'Ussé, entra dans les familles de Beaumont et Duvau.

Marie Quentin ou Quantin, fille de Jean Quantin, écuyer, seigneur de Villiers-sur-Orge et de Champlot, maître d'hôtel et premier valet de chambre du Roi, et de dame Angélique Poisson, épousa, en 1701, Louis Le Bas, écuyer, seigneur de Claies, cousin de Catherine Le Bas de Montargis, dame du palais de Louise-Élisabeth d'Orléans, reine douairière d'Espagne, mariée, en 1715, à Louis, marquis d'Arpajon, chevalier né de l'ordre de Malte, chevalier de l'ordre de la Toison d'or, lieutenant général, gouverneur du Berry, dont la fille, Anne-Claude-Louise d'Arpajon, grande d'Espagne et grand-croix de l'ordre de Malte, épousa, en 1741, Philippe, comte de Noailles, lieutenant général, grand d'Espagne de 1re classe, chevalier de la Toison d'Or, etc., fils du maréchal duc et pair de France. (D'Hozier, reg. 4.)

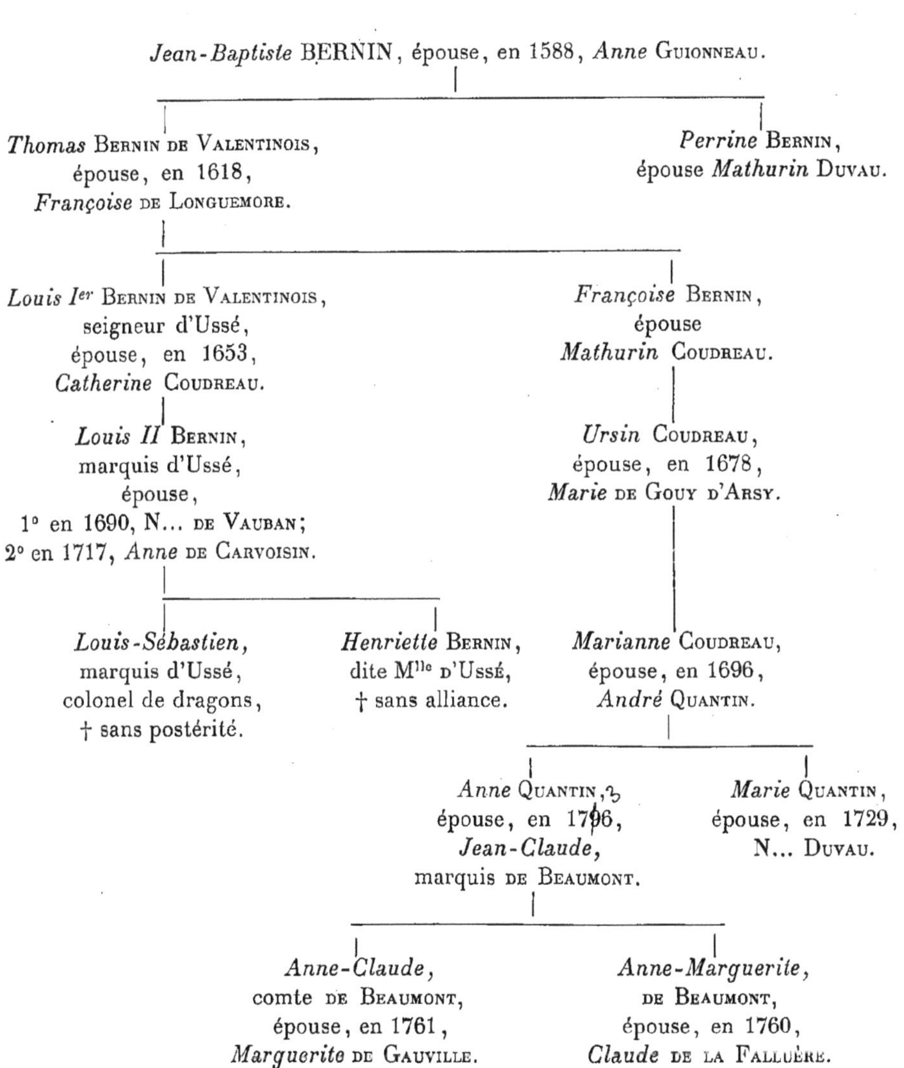

LE PELLERIN DE GAUVILLE

Marguerite Le Pellerin de Gauville, femme d'Anne-Claude de la Bonninière, comte de Beaumont.

Fille de Marc-Antoine-François Le Pellerin, chevalier, marquis de Gauville, lieutenant général des armées du roi, commandant le 2e bataillon du régiment des gardes françaises, gouverneur de Neufbrisac, en 1761, et de Magdeleine Le Gendre.

La maison Le Pellerin, originaire du bailliage de Coutances en Normandie, a pour auteur Dreux Pelerin, bailli de Coutances avant le 1er juillet 1315, temps auquel ces places n'étaient occupées que par des gentilshommes.

Ses armes sont : *D'or au chevron échiqueté d'argent et de gueules, au chef de sable chargé de 3 coquilles d'or en fasce.*

Elle s'est alliée aux familles Le Gendre, d'Harcourt, de Menon de Turbilly, de Rupierre, de la Vigne, de la Rivière, d'Orville, de Gamaches.

LE GENDRE

Magdeleine Le Gendre, femme de Marc-Antoine-François Le Pellerin, marquis de Gauville, lieutenant général des armées du roi, etc.

Fille de François II Le Gendre et de Marguerite Le Vieux.

Petite-fille de François Ier Le Gendre, écuyer, capitoul de Toulouse, en 1690 (dont un grand et beau portrait en pied, peint par de Troy, existe au château de Beaumont-la-Ronce), et de Marguerite Le Roux.

La famille Le Gendre, dont les armes sont : *D'azur à une fasce d'argent, accompagnée de 3 bustes de pucelles de même, chevelées d'or, posés de front 2 et 1*; outre la branche de François Le Gendre, écuyer, seigneur de la Chapelle, capitoul de Toulouse, cette famille s'est subdivisée en plusieurs rameaux : les Le Gendre du Fougerais, les Le Gendre, vicomtes de Monclar, barons de Salvagnac; les Le Gendre de Collandre, seigneurs de Gaillefontaine, dont un, Thomas, fut maréchal de camp des armées du roi, et épousa Catherine-Marguerite de Voyer d'Argenson; enfin les Le Gendre d'Onz-en-Bray (Onsembray), branche encore existante en Normandie.

Marie-Marguerite Le Gendre, fille de François Ier Le Gendre, capitoul de Toulouse, et sœur de François II Le Gendre, mari de Marguerite Le Vieux, épousa Antoine Crozat, marquis de Mouy.

De ce mariage naquirent :

1° Louis-François Crozat, marquis du Châtel, lequel épousa Marie-Thérèse de Gouffier.

Ils eurent de ce mariage :

Louise-Honorine Crozat de Thiers, laquelle fut mariée à Étienne, duc de Choiseul-Stainville.

2° Joseph-Anthoine Crozat de Thugny, époux de Catherine-Marguerite Amelot;

3° Louis Crozat, baron de Thiers, époux de Marie-Louise-Augustine de Laval-Montmorency.

De ce mariage sont issus :

a. Louise-Thérèse Crozat de Thiers, épouse d'Armand, marquis de Béthune;

b. N... Crozat de Thiers, épouse de Léon, comte de Béthune;

c. Louise-Augustine-Salbigothon Crozat de Thiers, épouse de Victor-François, maréchal duc de Broglie.

Parmi les alliances de la famille Le Gendre, on peut citer :

Nicolas de Durfort, qui épousa, en 1755, Anne-Marie-Edme Le Gendre;

Jean-Baptiste du Rey, seigneur de Vieucourt, qui épousa Louise Le Gendre, fille de François Ier Le Gendre, capitoul, et de Marguerite Le Roux;

Jean-Baptiste Bosc, époux de Françoise Le Gendre, fille de François Le Gendre et de Marguerite Le Roux; leur fille, Françoise Bosc, épousa Bertrand du Guesclin;

Eustachie Crozat, petite-fille d'Antoine Crozat et de Marguerite Le Gendre, épousa Charles-Antoine-Armand de Gontaut-Biron;

Marie-Anne Pajot épousa, en 1691, Antoine Le Gendre de Lormay, maître des requêtes, intendant de la généralité de Montauban; ils eurent un fils, François Le Gendre de Lormay, comte d'Onz-en-Braye.

CONTRATS DE MARIAGE

DES AINÉS DE LA FAMILLE

BONNIN DE LA BONNINIÈRE DE BEAUMONT

CONSERVÉS AU CHARTRIER DU CHATEAU DE BEAUMONT-LA-RONCE

Guillaume Bonnin épouse **Anne de Maillé** (20 novembre 1405).

Il a été produit, à la cour des Aides, et pour *Anne de la Bonninière* (lequel épousa, en 1642, Catherine *Odart*), un ancien inventaire de titres. Cet inventaire énonce le contrat de mariage de *Guillaume Bonnin* avec damoiselle *Anne de Maillé,* et lui donne pour fils *Pierre Bonnin,* ci-après. Ledit contrat de mariage a été passé devant *Poulet,* notaire de la châtellenie de Tours, en date du 20 novembre 1405.

Cet inventaire et ledit contrat de mariage n'existent plus au chartrier du château de Beaumont.

Pierre Bonnin de la Bonninière épouse **Catherine Le Bruyend** (2 août 1459).

Contrat de mariage existant au chartrier du château de Beaumont[1].

Catherine Le Bruyend était fille de noble homme *Hugues Le Bruyend,*

[1] Voir *Pièces justif.*, VII, p. 99.

seigneur du Plessis-Renault, et de damoiselle Jacquette *Peignée*, sa femme.

Enfants :

1° Guérin, qui suit;

2° Abel, mort sans postérité.

Guérin de la Bonninière épouse **Perrette de Montplacé** (28 octobre 1494).

Contrat de mariage existant au chartrier du château de Beaumont.

Perrette *de Montplacé* est fille de Jehan *de Montplacé,* écuyer, seigneur dudit lieu, et de dame Anne *Liziart,* sa femme.

Enfants :

1° *Jacques,* qui suit;

2° *Isabeau,* mariée à *François Le Boucher,* seigneur *du Ponceau.*

Jacques de la Bonninière épouse **Olive Louau** (2 mars 1522).

Contrat de mariage existant au chartrier du château de Beaumont.

Olive Louau, fille de noble homme *Jean Louau,* seigneur de la Cour de Meuves, et de damoiselle Mathurine *de Fangon,* son épouse.

Sœur d'Olive Louau : *Marie,* femme du sieur *d'Argy.*

Enfants :

1° Jacques, qui suit;

2° Guionne, mariée à Ph. Ronsart, seigneur de Beaumont-la-Ronce.

Jean de la Bonninière épouse **Marie de Savary** (14 juin 1563).

Contrat de mariage existant au chartrier du château de Beaumont.

Marie de Savary, fille et unique héritière de *Jacques de Savary,* écuyer, seigneur du Fresne, et de damoiselle *Isabeau de Fromentières.*

Enfants :

1° *Louis,* qui suit :

2° *Antoinette,* épouse de Gilbert de Hervaud-Bussy;

3° *Renée,* épouse de Anne Le Conte, seigneur du Couldrai.

Louis de la Bonninière épouse **Françoise de Gallois**
(29 janvier 1595).

Contrat de mariage existant au chartrier du château de Beaumont.

Françoise de Gallois, fille de noble homme *Pierre de Gallois,* seigneur de Bezai et de Villerougneux, et de damoiselle Marie *Amanjon.*

Ont signé au contrat du côté de *Louis de la Bonninière :*

Gilbert de Hervant-Bussy, beau-frère; *Jean de Chapuiset,* demi-frère (Marie de Savary s'étant remariée à Anthoine de Chapuiset); sieur *d'Argy,* seigneur de la Cour, cousin germain; *Gilles de Ronsart,* seigneur de Glatigny, cousin; *Paul de Guétron,* seigneur de Brizé, cousin; *Louise de Fromentières,* veuve de *Jean de Maillé,* tante.

Ont signé au contrat du côté de *Françoise de Gallois :*

Jean Courtois, seigneur *de Nanteuil,* et *Marie de Gallois,* son épouse, beau-frère et sœur; *Pierre de Gallois,* seigneur de Bezai, frère; *Étienne de Gallois,* seigneur de Bezai, frère; *François de Juston,* seigneur de la Fosse, cousin germain; *Mathieu de Juston,* seigneur de Belon, cousin germain; *François de Racine,* chevalier, seigneur de Villegoublin, gouverneur et bailly de Blois, et *Jeanne d'Amilly,* son épouse, cousins; noble homme *Jean de la Saussaye,* seigneur de Carabouin, et dame *Jeanne Allard,* son épouse, cousins; *Ester Allard,* veuve d'Octavien *de Juston,* seigneur de Villaumay, cousins; *Marie de Rochebouët,* veuve de *Pierre de la Saussaye,* cousins; *Marie Allard,* veuve de *Florent de Basdelard,* enseigne des gardes de Monseigneur, frère du roi, cousins; *Marie d'Argouges,* veuve d'*Eusèbe du Pré,* seigneur de la *Maisonfort,* cousins; *Jeanne de la Bausse,* veuve d'*Étienne Coüeffier,* conseiller du roi; *Michel Filleul,* seigneur de Gast, conseiller et secrétaire du roi en 1595, cousin; *Anne Courtin,* veuve de *Nicolas Compaing,* chevalier, seigneur de Fresnay et de Villette, chancelier de Navarre, cousins; *Jacqueline Poisson,* femme de *Jacques Viart,* seigneur de la Court-au-Jay et de Villebazin, conseiller du roi et conseiller d'État, cousins.

Enfants :

1° *Anne,* qui suit;
2° *Françoise,* épouse de Laurent Adam;
3° *Louise,* épouse de René d'Eschelles;
4° *Isabelle,* morte sans alliance;
5° *Marie,* morte sans alliance.

Anne de la Bonninière épouse : 1° **Anne de Tresvaut** (6 mai 1629); 2° **Anne de Moulins-Rochefort**; 3° **Catherine Odart** (1648).

Contrat de mariage de *Anne de la Bonninière* et de *Anne de Tresvaut.* Le contrat existe au chartrier du château de Beaumont.

Ont signé au contrat de ce mariage, les noms ci-dessous, tous désignés comme *proches parents du futur :*

Jean de Meslet, seigneur de *Freste,* lieutenant pour le roi de la ville et château de Vendôme; *Jean de Chapuiset,* chevalier, seigneur de la Fosse; *Jacques de Hervaut,* écuyer, seigneur de la Preslerie et du Plessis; *Louis de Fronsas,* écuyer, seigneur du Mesnil; *Jean de Lestrelay,* écuyer, seigneur de la Couture, et damoiselle *Renée de la Bonninière,* son épouse; *Pierre de Gallois,* seigneur de Bezay.

Il n'y a pas d'enfants.

Deuxième mariage de *Anne de la Bonninière* avec *Anne de Moulins-Rochefort.*

Il n'y a eu de cette union qu'un fils nommé *Honorat de la Bonninière,* tonsuré en 1650 et mort peu après. Pas d'autre postérité.

Au troisième mariage de *Anne de la Bonninière* et de *Catherine Odart,* ont signé, du côté de *Anne :*

Haut et puissant seigneur *Roger de Gast,* chevalier, seigneur de Montgoger et de la Turballière, et haute et puissante dame *N. de Carvoisin,* son épouse, cousins.

Du côté de *Catherine Odart :*

Claude Odart, chevalier, seigneur de Vauguérin, frère; *Henri de Tiennes,* chevalier, seigneur du Châtelier, cousin germain; *Gabriel de Gébrat,* chevalier, seigneur de Noyant, cousin; *Léonard de Burjot,* chevalier, seigneur de Burjot et de Roncée, cousin; *François de la Chetardie,* chevalier, seigneur de Paviers, cousin.

Enfants :

1° *Claude,* qui suit;
2° *Bonne,* épouse de Paul de Taillevis, seigneur de Jappeaux;
3° *Anne-Marie,* seigneur d'Argouges, mari de *Françoise* de Berziau;
4° *Esme,* tué à Maestricht;
5° *Étienne,* mort après avoir servi longtemps;
6° *Catherine;*
7° *Loys;*
8° *Jacques-Abel.*

Claude de la Bonninière, seigneur de Beaumont-la-Ronce, épouse Anne du Bois (1er juillet 1665).

Contrat de mariage de *Claude de la Bonninière,* seigneur de Beaumont-la-Ronce, et de *Anne du Bois,* existant au chartrier du château de Beaumont.

Ont signé, du côté de *Claude :*

Son père, *Anne de la Bonninière;* sa mère, *Catherine Odart.*

Ont signé, du côté de *Anne du Bois :*

Sa mère, *Nicole du Plessis-Châtillon,* épouse de *Guillaume du Bois de Courceriers; André du Bois,* chevalier, seigneur des Bourdeaux, Longué, etc., et son épouse, *Marie de la Porte,* frère et belle-sœur; *René de Couterne,* chevalier, seigneur de la Barre du Horp, cousin; *du Bois de Maquille* et dame *Anne de Moulin,* cousins; *Galois Labé,* chevalier, seigneur de Champagnettes, et dame *Renée du Bois,* son épouse, beau-frère et sœur; messire *de Carey,* chevalier, seigneur de Bellemare, et dame *Marie du Bois,* son épouse, beau-frère et sœur.

Enfants :

1° *Catherine-Anne;*
2° *Agnès;*
3° *Claude-Guillaume;*
4° *Mathurin;*
5° *Nicole;*
6° *Marie-Thérèse;*
7° *Agathe;*
8° *Anne-Catherine;*
9° *Joseph;*
10° *Marie-Anne;*
11° N.
12° N.
13° *Joseph-Philippe.*

Claude-Guillaume de la Bonninière, seigneur de Beaumont,
épouse **Marie de Claire** (13 janvier 1703).

Contrat de mariage de *Claude-Guillaume de la Bonninière,* seigneur de Beaumont-la-Ronce, et de *Marie de Claire,* existant au chartrier du château de Beaumont.

Ont signé, du côté de *Claude-Guillaume :*

Son père, *Claude de la Bonninière,* seigneur de Beaumont-la-Ronce; son frère, *Jacques-Philippe de la Bonninière,* chevalier de Malte et de Saint-Jean de Jérusalem; *Jean de Neufchaise,* commandeur de Malte.

Ont signé, du côté de *Marie de Claire :*

Son père, *Jean Simon,* écuyer, seigneur de Claire et de Touffreville; sa mère, dame *Jeanne-Marguerite Angeneau.*

Enfants :

1° *Jean-Claude,* qui suit;

2° *Jeanne-Marie,* épouse de David-Nicolas Huraut-de-Saint-Denys.

Jean-Claude de la Bonninière, marquis de Beaumont, épouse :
1° **Anne-Françoise-Élisabeth Quantin** (3 mai 1736);
2° **Françoise de Foyal** (1755).

Contrat de mariage entre *Jean-Claude de la Bonninière,* seigneur de Beaumont-la-Ronce (depuis *marquis de Beaumont,* la terre ayant été érigée pour lui en marquisat par lettres patentes de 1757), et *Anne-Françoise-Élisabeth Quantin.*

Le contrat existe au chartrier du château de Beaumont.

Ont signé :

Son père, *André-François Quantin,* chevalier; sa mère, dame *Marie-Anne Coudreau.*

Enfants :

1° *Anne-Claude,* qui suit;

2° *Anne-Marguerite,* épouse de Claude-Pierre Le Febre de la Falluère.

Deuxième mariage de *Jean-Claude de la Bonninière,* et de *Françoise de Foyal.*

Pas d'enfants.

Anne-Claude de la Bonninière, comte de Beaumont,
épouse **Marguerite Le Pellerin de Gauville** (30 décembre 1760).

Contrat de mariage entre *Anne-Claude de la Bonninière,* comte de Beaumont (il avait passé le titre de marquis à son fils aîné *André,* qui suit), et *Marguerite Le Pellerin de Gauville.*

Enfants :

1° André, qui suit;
2° Marc-Antoine épouse Julie Davout;
3° Marie-Françoise-Adélaïde épouse le marquis de Fayet;
4° Marie-Madeleine-Élisabeth épouse Saint-Denys;
5° Charles épouse Adélaïde d'Estiennot, et Louise d'Hillisberg;
6° Agathe épouse le comte de La Falluère;
7° Auguste;
8° Hélène épouse René de Rancher;
9° Jules épouse Rose Préau d'Artigné;
10° Eugène épouse Louise Lejeune de Créquy de la Furjonnière;
11° Armand épouse Céleste de la Godelinière;
12° Octave épouse Clémence de Crochard;
13° Léopold.

Le contrat existe au chartrier du château de Beaumont.

Ont signé, du côté de *Anne-Claude de la Bonninière,* comte de Beaumont :

Haut et puissant seigneur *Louis Bernin, marquis d'Ussé,* colonel de dragons, cousin; damoiselle Mélanie de *Bernin d'Ussé,* cousine.

Ont signé, du côté de *Marguerite de Gauville, comme parents :*

Marguerite Le Vieux, veuve de *François Le Gendre,* aïeule; haut et puissant seigneur *Jean-Baptiste de Sauzey* (capitaine aux gardes françaises), *marquis de Sauzey,* cousin; dame *Marie-Anne Le Gendre,* veuve de *Louis Doublet,* chevalier, secrétaire des commandements de Monseigneur le duc d'Orléans, régent, grand'tante; *Louis Le Gendre,* clerc tonsuré du diocèse de Paris, grand-oncle; *Jean-Baptiste Duret de Meunières,* président honoraire au Parlement, grand-oncle à la mode de Bretagne; *Louis Duret de Bourneville,* officier aux gardes françaises, cousin issu de germain; dame *Marguerite Chevalier,* épouse de *François-Gaspard Masson,* président au Parlement, cousine; dame *Élisabeth le Clerc,* veuve de *Louis Chevalier,* chevalier, conseiller au Parlement, grand'tante à la mode de Bretagne; *Marc-René Chevalier,* chevalier, seigneur *du Boissy,* capitaine au régiment des gardes françaises, grand-oncle à la mode de Bretagne; *Marguerite*

Amelot, veuve de *Antoine-Joseph Crozat de Thugny,* président honoraire au Parlement, tante à la mode de Bretagne; haute et puissante dame *Magdeleine Montiers,* veuve de haut et puissant seigneur *Jean de Gouy, marquis d'Arcis,* maître de camp de cavalerie, gentilhomme de la manche du roi, cousine issue de germaine; haute et puissante dame *Augustine Crozat de Thiers,* épouse de haut et puissant seigneur *Victor-François de Broglie,* duc de Broglie, maréchal de France, prince du Saint-Empire, cousine; haut et puissant seigneur *Armand, marquis de Béthune,* lieutenant général, chevalier des ordres du roi, colonel-général de la cavalerie de France, et haute et puissante dame *Crozat de Thiers,* son épouse, cousin et cousine; haut et puissant seigneur *Casimir Léon, comte de Béthune,* brigadier des armées du roi, chevalier d'honneur de Madame de France, cousin; haute et puissante dame *Marie Hocquart,* épouse de très haut et très puissant seigneur *Anne Pierre, marquis de Montesquiou,* colonel des grenadiers de France, gentilhomme de la manche de Monseigneur le duc de Bourgogne, cousin et cousine; haute et puissante dame *Élisabeth Bazin de Flamanville,* épouse de haut et puissant seigneur *Jean-Joseph Le Comte de Nonant, marquis de Raray,* officier de gendarmerie, cousine; haut et puissant seigneur *Charles-Louis de Preissac de Marestan, comte d'Esclignac,* et dame *Marguerite Chevalier,* son épouse, cousin et cousine; haut et puissant seigneur *Charles de Romilly, marquis de la Chesnelaye,* brigadier des armées du roi, gouverneur des ville et château de Fougères, cousin; haute et puissante dame *Pauline Dombarde de Voisenon,* épouse de haut et puissant seigneur *Victor de Fusé, comte de Voisenon,* capitaine aux gardes françaises, maréchal de camp des armées du roi, cousine; dame *Louise-Françoise Davy de la Fautrière,* épouse de *Joseph-Athanase de Cecconi, comte du Montpalatin,* chevalier de l'Éperon d'or, cousine; *René Étienne, chevalier et seigneur d'Augny,* cousin; *Étienne d'Augny,* chevalier, officier aux gardes françaises, cousin; *Nicolas Hue, chevalier de Miromesnil,* officier aux gardes françaises, cousin; dame *Louise Masson, marquise d'Aligre,* cousine; dame *Anne-Blanche Louvet,* épouse de *Henri Pajot du Boucher,* chevalier, ancien grand-maître des eaux et forêts de Champagne, cousine; très haut et très puissant seigneur *Étienne de Choiseul, duc de Choiseul-Stainville,* pair de France, chevalier des ordres du roi, lieutenant général des armées de Sa Majesté, gouverneur de Touraine, ministre, secrétaire d'État des affaires étrangères, et très haute et très puissante dame *Louise-Honorine Crozat du Châtel,* son épouse, cousin et cousine; haut et puissant seigneur *Paris Potier de Gèvres, marquis de Gèvres,* et haute et puissante dame *Marie Du Guesclin,* son épouse, cousin et cousine; *Louis de Barzy,* colonel d'infanterie, et *Charlotte Régnier,* son épouse, cousin et cousine.

André de la Bonninière, marquis de Beaumont,
épouse **Anne-Armandine-Antoinette Hue de Miroménil** (26 mai 1786).

Contrat de mariage entre *André de la Bonninière, marquis de Beaumont,* et *Anne-Armandine-Antoinette Hue de Miroménil.*

Enfants :

1° *Anne-Marie,* épouse Edmond, comte de la Rochebousseau;
2° *Pauline,* épouse le marquis de Fayet;
3° *Maxime,* mort jeune;
4° *Théodore,* qui suit;
5° *Léon,* épouse Flavie des Hayes.

Le contrat existe au chartrier du château de Beaumont.

En outre des *pères* et *mères* des futurs, ont signé :

Le Roi;
La Reine;
Monsieur, frère du roi;
Madame;
Madame la comtesse d'Artois;
Madame Adélaïde, tante du roi;
Madame Victoire, tante du roi;
Monseigneur le duc d'Angoulême;
Monseigneur le duc de Berry.

Ont signé en outre, du côté de *André, marquis de Beaumont :*

Haut et puissant seigneur *Marc-Antoine de la Bonninière, vicomte de Beaumont,* capitaine au régiment de Lorraine (dragons), frère; haute et puissante dame *Madeleine Le Gendre,* veuve de haut et puissant seigneur *Marc-Antoine Le Pellerin, marquis de Gauville,* aïeule; haut et puissant seigneur *Jean-Baptiste-Catherine-Allain, marquis de Fayet,* lieutenant au régiment des gardes françaises, et haute et puissante dame *Adélaïde de la Bonninière de Beaumont,* son épouse, beau-frère et sœur; haut et puissant seigneur *Jean-Baptiste du Sauzey,* lieutenant général des armées du roi, grand'croix de l'ordre royal et militaire de Saint-Louis, major des gardes françaises, cousin; haute et puissante dame *Élisabeth-Thérèse-Marguerite Chevalier,* veuve de haut et puissant seigneur *Charles-Louis de Preissac, Marestan, Fezensac, comte d'Esclignac,* brigadier des armées du roi, cousine.

Ont signé, du côté de *Anne-Armandine-Antoinette Hue de Miroménil :*

Très haut et très puissant seigneur Monseigneur *Armand-Thomas Hue de Miroménil,* chevalier, garde des sceaux de France, oncle; haut et puissant seigneur *Charles-Joseph, comte de la Pallue,* lieutenant-colonel d'infanterie, sous-aide major au régiment des gardes françaises, et haute et puissante dame *Anne-Marie Hue de Miroménil,* son épouse, beau-frère et sœur; haut et puissant seigneur *Thomas Hue de Miroménil,* conseiller du roi, cousin; haut et puissant seigneur *Paul-Charles Cardin Le Bret,* conseiller du roi en ses conseils, greffier en chef du Parlement de Paris, et haute et puissante dame *Anne-Armande-Georgette de Miroménil,* son épouse, cousin et cousine; haut et puissant seigneur *Louis-Emmanuel, comte de Coëtlogon,* lieutenant général des armées du roi, grand'croix de l'ordre royal et militaire de Saint-Louis, oncle par défunte *N. de Ségur,* son épouse; haut et puissant seigneur *Nicolas-Marie-Alexandre, comte de Ségur,* capitaine au régiment de Ségur (dragons), cousin; haute et puissante dame *Marguerite-Bernardine Chennet,* veuve de haut et puissant seigneur *N. Bignon,* conseiller du roi en ses conseils, bibliothécaire de Sa Majesté, cousine; haut et puissant seigneur *Jérôme Bignon,* chevalier, cousin; très haut et très puissant seigneur *Antoine-René de Voyer, marquis de Paulmy,* ministre d'État, chancelier de la reine, chevalier de tous les ordres du roi et de celui de Saint-Lazare, gouverneur de l'Arsenal, cousin issu de germain; très haute et très puissante dame *Madeleine-Suzane-Adélaïde de Voyer, duchesse de Luxembourg,* cousine; *N. de la Porte,* conseiller d'État, cousin; haut et puissant seigneur *Alexandre-Louis Le Fèvre de Caumartin,* chevalier, non profès de l'ordre de Saint-Jean de Jérusalem, oncle à la mode de Bretagne; haut et puissant seigneur *Louis de Mathan, marquis de Mathan,* lieutenant général des armées du roi, lieutenant-colonel des gardes françaises, et haute et puissante dame *Anne Duclusel,* son épouse, cousin et cousine; haute et puissante dame *Angélique-Louise de Savary,* épouse de *Louis-Antoine de Mathan,* lieutenant des vaisseaux du roi, cousine; haute et puissante demoiselle *Annette de Mathan,* cousine; haut et puissant seigneur *Jean-Baptiste-Charles de Goujon de Thuisy, marquis de Thuisy,* lieutenant de grenadiers au régiment des gardes françaises, sénéchal héréditaire de Reims, chevalier honoraire de l'ordre de Saint-Jean de Jérusalem, et haute et puissante dame *Catherine-Philibertine-Françoise de Bérulle,* son épouse, cousin et cousine; dame *Renée-Mélanie de Goujon de Thuisy,* épouse d'*Alexis-Balthazar de Ricouart d'Hérouville,* conseiller au Parlement, cousine; haut et puissant seigneur *François-Auguste de la Cour, chevalier de Balleroy,* maréchal des camps et armées du roi, commandeur de l'ordre royal et militaire de Saint-Louis, cousin; haut et puissant seigneur *Nicolas-Pierre de Pichard,* chevalier, conseiller du roi en tous ses conseils, président à mortier au Parlement de Bordeaux, cousin; *François Logenat,* prêtre du diocèse de Noyon, *seigneur de Saint-Justin,* en l'église métropolitaine d'Auch, conseiller au Parlement de Normandie, cousin.

Théodore de la Bonninière, comte, puis **marquis de Beaumont,** épouse **Adélaïde-Charlotte-Élisabeth-Cécile de Villemanzy** (1820).

Contrat de mariage entre *Théodore de la Bonninière, comte de Beaumont,* chef d'escadron, capitaine commandant au 2e régiment de cuirassiers de la garde royale, chevalier de la Légion d'honneur, et *Adélaïde-Charlotte-Élisabeth-Cécile de Villemanzy.*

Enfants :

1° Léopold, qui suit;

2° Marie, épouse A., comte de Lambel;

3° Jacques, épouse Denise de Mondragon;

4° Albert, mort prêtre.

Le contrat existe au chartrier du château de Beaumont.

Ont signé au contrat :

Le Roi;

Monsieur;

Monseigneur le duc d'Angoulême;

Madame la duchesse d'Angoulême.

Ont signé, du côté du futur :

André de la Bonninière, marquis de Beaumont, chevalier de la Légion d'honneur, grand'croix de l'ordre de la couronne de Bavière, grand'croix de l'ordre de Bade, père; *Anne-Armande-Antoinette Hue de Miroménil,* son épouse, mère; *Marc-Antoine, comte de Beaumont,* pair de France, lieutenant général, grand'croix de l'ordre de la Légion d'honneur, grand'-croix de l'ordre du Mérite militaire de Bavière, chevalier de la Couronne de fer, oncle; *Charles, comte de Beaumont,* colonel, commandant supérieur de l'École militaire, chevalier de Saint-Louis, oncle.

Ont signé, du côté de la future :

Jacques-Pierre Orillard, comte de Villemanzy, pair de France, lieutenant général des armées du roi, ancien intendant général et commissaire général des armées, chevalier de Saint-Louis, grand-officier de la Légion d'honneur, grand'croix de la couronne de Bavière, commandeur de l'ordre de Saint-Henri de Saxe, chevalier de la Couronne de fer et de l'ordre de

Cincinnatus, père; *Élisabeth-Françoise-Marguerite Baudon,* son épouse, mère; *Élisabeth de Villemanzy,* sœur; *Mathilde de Villemanzy,* sœur; veuve *Hamelin,* grand'tante; comte et comtesse *d'Issoncourt,* grand-oncle et grand'tante; *Charles Baudon,* intendant militaire, oncle; baronne *de Baulny,* tante; baron *Alfred de Baulny,* cousin germain; *Eugène de Baulny,* cousin germain; *de Saint-Brisson,* cousin germain; *de Limairac,* cousin germain; comte et comtesse *de Bondy,* cousin et cousine; baron *de Pongy,* conseiller d'État, cousin; dame et demoiselle *Dubourg,* cousines; *de Perceval,* secrétaire général du ministère de la Guerre, cousin.

André-Léopold-Jacques de la Bonninière, comte de Beaumont, épouse **Louise-Marie-Eulalie de Gallet de Mondragon.**

Contrat de mariage de *André-Léopold-Jacques de la Bonninière, comte de Beaumont,* et de *Louise-Marie-Eulalie de Gallet de Mondragon.*

Enfants :

1° Guillaume, épouse Caroline d'Alsace.

2° Jean, épouse Charlotte de Laboulaye;

3° Philippe, épouse Jeanne des Varennes;

4° Pierre, épouse Yolande de Goulaines.

Ont signé, du côté du futur :

Théodore de la Bonninière, marquis de Beaumont-Villemanzy, lieutenant-colonel de cavalerie démissionnaire, chevalier de la Légion d'honneur et de Saint-Ferdinand d'Espagne, pair de France démissionnaire, père; *Adélaïde-Charlotte-Élisabeth-Cécile de Villemanzy,* son épouse, mère; *Jacques, vicomte de Beaumont,* frère; *Alexandre, comte de Lambel,* beau-frère; *Marie, comtesse de Lambel,* sœur; *Albert de Beaumont,* prêtre, frère.

Ont signé, du côté de la future :

Antoine-Jean-Joseph-Théodore de Gallet, comte de Mondragon, père; *Denise-Octavie Savary de Lancôsme,* mère; *Augustin-Jean-Marie-Joseph de Gallet, marquis de Mondragon,* oncle; *Denise-Marie-Augustine de Gallet de Mondragon,* sœur.

DEMOISELLES

DE LA BONNINIÈRE DE BEAUMONT

YSABEAU DE LA BONNINIÈRE

Damoiselle Ysabeau de la Bonninière, fille de noble homme Guérin de la Bonninière, écuyer, seigneur des Chastelliers, et de damoiselle Pérette de Montplacé, et noble homme François Le Boucher, écuyer, seigneur du Ponceau, son mari, furent déboutés de leurs prétentions dans la succession d'Abel de la Bonninière, leur oncle, le 4 novembre 1539, et transigèrent avec leur belle-sœur, Olive Louau, le 13 novembre 1545, au sujet de la succession de ses père et mère.

GUYONNE DE LA BONNINIÈRE

Damoiselle Guyonne de la Bonninière, fille de noble homme Jacques de la Bonninière, écuyer, seigneur des Chastelliers, et de damoiselle Olive Louau, née en 1535, baptisée la même année, en l'église de Beaumont-la-Ronce. Elle eut pour parrain noble homme Guy de Fromentières, seigneur de Beaumont-la-Ronce, et pour marraines Jehanne de Fromentières, dame des Roches, et damoiselle Pérette de Montplacé, son aïeule.

Damoiselle Guyonne de la Bonninière épousa, sous l'autorité de ladite dame sa mère et curatrice, le 29 juillet 1555, noble homme Philippe de Ronsart, seigneur de Beaumont-la-Ronce, fils de Jacques de Ronsart et de Jehanne de Fromentières, fille elle-même de Guy de Fromentières, seigneur de Beaumont-la-Ronce. Philippe de Ronsart était veuf d'Agathe du Mesnil, fille de François Simon du Mesnil, chevalier, seigneur de Beaujeu, et de Françoise de Pernay, dont il avait eu quatre enfants :

1° Jehan de Ronsart;

2° Jehan-Baptiste de Ronsart;

3° Charlotte de Ronsart;

4° Jehanne de Ronsart.

Guyonne de la Bonninière n'eut pas d'enfants de son mariage avec Philippe de Ronsart; elle était veuve, et qualifiée *dame de Beaumont-la-Ronce en partie,* en 1596. Le 29 janvier 1609, elle vendit le fief du Grand-Bréhémont, paroisse Sainte-Geneviève-de-Maillé (à présent Luynes), à François Cartier.

Chartrier de Beaumont-la-Ronce. — Dom Housseau, X, n° 4305; A. de Rochambeau, *La famille de Ronsart,* passim; J. X. de Busserolles, *Dict. arch. et géogr. de Touraine,* I, 177 et 403.

RENÉE DE LA BONNINIÈRE

Damoiselle Renée de la Bonninière, unie à Anne Le Conte, écuyer, seigneur des Couldrais, son mari, transigea, le 15 avril 1595, avec Marie de Savary, sa mère, Jehan de Chapuiset, écuyer, seigneur de la Fosse, son frère utérin, Louys de la Bonninière, son frère, et Anthoinette de la Bonninière, sa sœur. (Grosse.)

Damoiselle Renée de la Bonninière partagea avec Louys et Anthoinette de la Bonninière, ses frère et sœur, les biens provenant de la succession de son père, par acte passé devant Guillois et Dubreuil, notaires à Tours, le 4 décembre 1595. (Grosse.)

Damoiselle Renée de la Bonninière assista, avec Jehan de Lestrelay, écuyer, seigneur de la Cousture, son second mari, au contrat du premier mariage d'Anne de la Bonninière, son neveu, le 6 mars 1629.

Chartrier de Beaumont-la-Ronce.

Renée de la Bonninière fut marraine de sa nièce, Isabelle, en 1599.

État civil de Beaumont-la-Ronce.

ANTHOINETTE DE LA BONNINIÈRE

Damoiselle Anthoinette de la Bonninière, épouse de Gilbert de Hervault-Bussy, écuyer, seigneur de la Preslerie, transigea, le 15 avril 1595, avec damoiselle Marye de Savary, sa mère, Jehan de Chapuiset, écuyer, seigneur de la Fosse, son frère utérin, Louis et Renée de la Bonninière, ses frère et sœur. (Grosse.)

Damoiselle Anthoinette de la Bonninière, épouse de Gilbert de Hervault-Bussy, écuyer, seigneur de la Preslerie, partagea, avec Louys de la Bonninière, son frère, et Renée de la Bonninière, sa sœur, les biens provenant de la succession de son père, le 4 décembre 1595.

Jacques Hervault, fils des précédents, écuyer, seigneur de la Preslerie, est nommé dans la cession faite, le 15 février 1629, par damoiselle Françoise Galloys, sa tante, à Anne de la Bonninière, son cousin germain.

Ledit Jacques Hervault, écuyer, seigneur de la Preslerie et du Plessis, assista au contrat de mariage d'Anne de la Bonninière, son cousin germain, avec Anne de Tresvaut, le 6 mai 1629.

FRANÇOISE DE LA BONNINIÈRE

Françoise de la Bonninière, fille de Louys de la Bonninière et de Françoise de Gallois, fut baptisée en l'église de Beaumont-la-Ronce, le ... 1597. Elle eut pour parrain Jehan d'Argy, et pour marraine Marie de Gallois, épouse du seigneur de Nanteuil.

Damoiselle Françoise de la Bonninière est nommée dans la cession faite, le 13 février 1629, par damoiselle Françoise de Gallois, sa mère, à Anne de la Bonninière, son frère aîné.

Damoiselle Françoise de la Bonninière épousa, par contrat passé sous seings privés, le 4 octobre 1629, messire Laurent Adam, écuyer, seigneur de la Roche-du-Pont, en Anjou, l'un des cent gentilshommes de la maison du roi.

Chartrier. — Original.

Damoiselle Françoise de la Bonninière est citée plusieurs fois comme marraine, de 1606 à 1619.

État civil de Beaumont-la-Chartre.

LOYSE DE LA BONNINIÈRE

Loyse de la Bonninière, fille de Loys de la Bonninière et de Françoise de Gallois, fut baptisée à Beaumont-la-Ronce, le ... 1598. Elle eut pour parrain Victor de Gallois, seigneur de la Borde, et pour marraine Anthoinette de la Bonninière, femme de Gilbert de Hervault-Bussy.

Damoiselle Loys de la Bonninière est nommée dans la cession faite, le 13 février 1629, par damoiselle Françoise de Gallois, sa mère, à Anne de la Bonninière, son frère aîné.

Damoiselle Loyse de la Bonninière épousa, en premières noces, Jacques de Lestrelay (son cousin); en secondes noces, René Deschelles, écuyer, seigneur du Pally et des Gastinières.

Chartrier. — Original.

Loyse de la Bonninière, veuve de René Deschelles, fut enterrée, le 4 mai 1673, dans l'église de Beaumont-la-Chartre, en présence de Claude de la Bonninière et d'Anne du Bois, son épouse.

Registres paroissiaux de Beaumont-la-Chartre.

ISABELLE DE LA BONNINIÈRE

Isabelle de la Bonninière, fille de Loys de la Bonninière et de Françoise Gallois, fut baptisée, le ... 1599, en l'église de Beaumont-la-Ronce ; elle eut pour parrain Jacques Filleul, écuyer, conseiller et secrétaire du roi, et pour marraine Renée de la Bonninière, sa tante.

État civil de Beaumont-la-Ronce.

Isabelle de la Bonninière est marraine en l'église de Beaumont-la-Ronce en 1628.

Ibid.

Damoiselle Isabelle de la Bonninière est nommée, dans la cession faite, le 13 février 1829, par damoiselle Françoise de Gallois, sa mère, à Anne de la Bonninière, son frère aîné.

Grosse originale. — Chartrier de Beaumont-la-Ronce.

Damoiselle Isabelle de la Bonninière est marraine, en 1633, en l'église de Beaumont-la-Chartre, avec René d'Eschelles.

État civil de Beaumont-la-Chartre.

Damoiselle Isabelle de la Bonninière est marraine avec le même en 1634.

État civil de Beaumont-la-Chartre.

Damoiselle Isabelle de la Bonninière est marraine, en 1635, avec Anne de la Bonninière, de Anne d'Eschelles, fille de René d'Eschelles et de Loyse de la Bonninière.

Ibid.

Damoiselle Isabelle de la Bonninière est marraine, en 1637, avec Louis de la Fontaine, écuyer, seigneur de la Grand'maison, de Louise d'Eschelles, fille de René d'Eschelles et de Loyse de la Bonninière.

Ibid.

MARIE DE LA BONNINIÈRE

Marie de la Bonninière, fille de Loys de la Bonninière et de Françoise de Gallois, a été marraine vers 1600.

État civil de Beaumont-la-Chartre.

Morte sans alliance avant 1629.

CATHERINE DE LA BONNINIÈRE

Catherine de la Bonninière, fille d'Anne de la Bonninière et de Catherine Odart, fut baptisée le ... 1648, en l'église de Beaumont-la-Ronce. Elle eut pour parrain son frère, Loys de la Bonninière, qui n'était encore qu'ondoyé, et pour marraine sa tante, Loyse de la Bonninière, femme de René d'Eschelles.

État civil de Beaumont-la-Ronce.

Morte sans alliance.

BONNE DE LA BONNINIÈRE

Damoiselle Bonne de la Bonninière, fille d'Anne de la Bonninière et de Catherine Odart, est née vers 1644.

Damoiselle Bonne de la Bonninière épousa, par contrat du 20 juillet 1665, passé devant Martin, notaire à Neuvy, messire François-Paul de

Taillevis, chevalier, seigneur de Jupeaux et de Carrey, fils de Esme de Taillevis, chevalier, et de Gabrielle Malon. Ont signé, du côté de Paul de Taillevis : son père, Esme de Taillevis; Claude de Taillevis, son frère; Jean de Taillevis, seigneur de Fontenailles, son oncle paternel; N... de Budes, conseiller au Parlement de Metz, son cousin; N... de Malon, président du Berry; Charles-François du Plessis, seigneur de Cherigny; Jacques du Plessis, seigneur de Champigny; Louis d'Argy, chevalier, seigneur de la Cour-d'Argy (la grand'mère de Paul de Taillevis était Hélène d'Argy); Henri de Houdan, chevalier, seigneur des Landes; François de Taillevis, chevalier, seigneur de la Méxure; Jacques Guestier, chevalier, seigneur de l'Arbillière, cousins.

Du côté de Bonne de la Bonninière, ont signé : Claude de la Bonninière, son frère aîné; Anne, Esme et Étienne de la Bonninière, ses frères puînés; Louise de la Bonninière, veuve de René d'Eschelles, sa tante paternelle; Anne de Baraudin, veuve de Claude Odart, chevalier, seigneur de la Fuye, sa tante maternelle; Jacques Le Texier, écuyer, seigneur de Selaire, Alexandre d'Eschelles, écuyer, seigneur de la Gastinière, ses cousins germains; et Louis de Chapuiset, son cousin.

Contrat original au chartrier de Beaumont-la-Ronce.

Damoiselle Bonne de la Bonninière fut mariée, en l'église de Beaumont-la-Ronce, le ... 1665, avec François-Paul de Taillevis, seigneur de Jupeaux, fils d'Esme de Taillevis, chevalier, seigneur de Chauffour et de la Blotinière, en la paroisse de Lunay. Étaient présents : Anne de la Bonninière et Catherine Odart, ses père et mère, ainsi que Claude, Anne, Étienne et Esme, appellé aussi Aimé.

État civil de Beaumont-la-Ronce.

CATHERINE-ANNE DE LA BONNINIÈRE

Damoiselle Catherine-Anne de la Bonninière, fille de Claude de la Bonninière et d'Anne du Bois, est née le ... 1671, et fut baptisée en l'église de Beaumont-la-Ronce le ... 1672. Elle eut pour parrain haut et puissant seigneur du Bois de Courceriers, son oncle, et pour marraine Catherine Odart, femme de Anne de la Bonninière, sa grand'mère.

État civil de Beaumont-la-Ronce.

Religieuse au prieuré de Lencloître, près Beaumont-la-Ronce.

AGNÈS DE LA BONNINIÈRE

Damoiselle Agnès de la Bonninière, fille de Claude de la Bonninière et d'Anne du Bois.

Est citée comme marraine à Beaumont-la-Ronce en 1703.

État civil de Beaumont-la-Ronce.

NICOLLE DE LA BONNINIÈRE

Damoiselle Nicolle de la Bonninière, fille de Claude de la Bonninière et d'Anne du Bois, fut baptisée en l'église de Beaumont-la-Chartre en 1678. Elle eut pour parrain Pierre de Carrey, seigneur de Bellemare, demeurant au château de la Forest, paroisse d'Assé-le-Ribou, et pour marraine Geneviève de Launancourt, épouse de Mathurin Durand, seigneur de Changé.

État civil de Beaumont-la-Chartre.

Damoiselle Nicolle de la Bonninière des Chatelliers épousa, par contrat passé devant Mauduin, notaire royal en Touraine, le 22 juillet 1698, messire René de Berland[1], chevalier, seigneur de la Loüère et autres lieux, fils de feu messire Antoine de Berland, chevalier, seigneur desdits lieux, et de dame Marie-Françoise de Linières.

Original au chartrier.

Damoiselle Nicolle de la Bonninière, unie à messire René de Berland, son mari, chevalier, seigneur de la Loüere et autres lieux, partagea avec ses frères et sœurs la succession de ses père et mère, le 7 mai 1714.

Original au chartrier.

MARIE-THÉRÈSE DE LA BONNINIÈRE

Damoiselle Marie-Thérèse de la Bonninière, fille de Claude de la Bonninière et d'Anne du Bois, a été baptisée en l'église de Beaumont-la-Chartre le ... 1679. Elle eut pour parrain Étienne de la Bonninière, son oncle, et pour marraine Marie Adriencen, épouse de messire François de Menou, chevalier, seigneur de la Roche d'Alais.

[1] Telle est l'origine de l'alliance de la maison Bonnin de la Bonninière de Beaumont avec celles de Charitte et de Chastenet de Puységur.

AGATHE DE LA BONNINIÈRE

Damoiselle Agathe de la Bonninière, fille de Claude de la Bonninière et d'Anne du Bois, fut baptisée le 10 août 1680. Elle eut pour parrain Pierre d'Eschelles, fils d'Alexandre, et pour marraine Anne d'Eschelles.

État civil de Beaumont-la-Chartre.

Damoiselle Agathe de la Bonninière de Beauvais assista au contrat de mariage de Nicolle de la Bonninière des Chatelliers, sa sœur, le 22 juillet 1698.

Original au chartrier.

Damoiselle Agathe de la Bonninière de Beauvais épousa, en l'église de Beaumont-la-Ronce, le 19 août 1715, messire Antoine-Robert du Juglart.

État civil de Beaumont-la-Ronce.

Contrat de mariage de damoiselle Agathe de la Bonninière avec messire Antoine-Robert du Juglart; la terre du Frêne-Savary lui fut donnée en dot.

Chartrier.

Agathe de la Bonninière, dame de Rorthre-Savari, épouse de messire Robert-Antoine du Juglart, fut inhumée dans le chœur de l'église de Rorthre, le 6 mars 1765.

État civil d'Épeigné-sur-Dême.

ANNE-CATHERINE DE LA BONNINIÈRE

Damoiselle Anne-Catherine de la Bonninière, fille de Claude de la Bonninière et d'Anne du Bois, fut baptisée, le 10 août 1680, en l'église de Beaumont-la-Chartre. Elle eut pour parrain René de Menou, fils de François de Menou, chevalier, seigneur de la Roche d'Alais, et pour marraine Catherine de la Bonninière, sœur aînée.

État civil de Beaumont-la-Chartre.

Anne-Catherine de la Bonninière est devenue religieuse à l'abbaye du Pré, au Mans.

MARIE-ANNE DE LA BONNINIÈRE

Damoiselle Marie-Anne de la Bonninière, fille de Claude de la Bonninière et de Anne du Bois.

Marie a été marraine, avec son frère Joseph, en l'église de Beaumont-la-Chartre, en 1684.

État civil de Beaumont-la-Chartre.

Marie-Anne de la Bonninière a été religieuse à l'abbaye du Pré, au Mans.

JEANNE-MARIE-ANNE DE LA BONNINIÈRE DE BEAUMONT

Damoiselle Jeanne-Marie-Anne de la Bonninière de Beaumont, fille de Claude-Guillaume de la Bonninière, seigneur de Beaumont-la-Ronce, et de Marie-Jeanne-Marguerite-Renée Simon de Claire de Touffreville, est née le ..., et a été baptisée le ...

Elle épousa, par contrat du 21 novembre 1722, messire David-Nicolas Hurault, chevalier, seigneur de Saint-Denis, Villeluisant et autres lieux, fils aîné et principal héritier de haut et puissant seigneur messire Jacques-Florimond Hurault, vivant, chevalier, seigneur desdits lieux, et de dame Florimonde-Marie de Troyes de Montizeaux. Ledit contrat passé devant Pierre Le Gay, notaire royal à Neuvy.

Original au chartrier.

David-Nicolas Hurault de Saint-Denis, né au château de Saint-Denis, vers 1689, était cornette au régiment Dauphin (cavalerie) en 1712; il mourut à Blois, paroisse Saint-Solenne, à l'âge de quatre-vingt-six ans, et fut inhumé à Saint-Denis, le 6 octobre 1775.

Il avait eu quatre enfants de son mariage avec Jeanne-Marie-Anne de la Bonninière de Beaumont :

1° Anne-Marc-Raoul, qui suit, baptisé à Saint-Denis le 13 février 1725;
2° André-Guillaume, vicaire général à Dijon;
3° Jeanne-Françoise-Philippe, née le 12 décembre 1726, élève à la Maison Royale de Saint-Cyr;
4° Charlotte-Nicole-Sophie, née le 27 octobre 1730, religieuse aux Véroniques de Blois.

Anne-Marc-Raoul Hurault, seigneur de Saint-Denis, capitaine de dragons au régiment de Caraman, ci-devant Vibraye, épousa, en 1749, Catherine-Marie-Madeleine Marchant de Verrières, fille de Louis-Charles Marchant, seigneur de Verrières, intéressé aux fermes du roi, et de Catherine Boucher. Elle fut inhumée à Saint-Denis, le 18 juin 1765. Lui-même mourut après 1784.

De ce mariage naquirent trois enfants :

1° Anne-Philippe-Charles-Toussaint, marié à Marie-Madeleine-Élisabeth de la Bonninière de Beaumont, sa cousine ;

2° Madeleine-Thérèse, née vers 1750, mariée à Saint-Denis, le 30 octobre 1771, à Antoine-Étienne-François de Clinchamps, chevalier de Saint-Louis ;

3° Louise-Agathe, baptisée à Saint-Denis le 23 mai 1765, mariée, le 22 novembre 1784, à Louis-Étienne-Ambroise Le Boucher, seigneur de Martigny et de Fondettes.

ANNE-MARIE-MARGUERITE DE LA BONNINIÈRE DE BEAUMONT

Anne-Marie-Marguerite de la Bonninière de Beaumont, fille de Jean-Baptiste Claude (plus connu sous le nom de Jean Claude), seigneur de Beaumont-la-Ronce, premier marquis de Beaumont, et de Anne-Françoise-Élisabeth Quantin, naquit en 1740, et épousa, le 13 avril 1760, à Tours, Claude-Pierre Le Febvre, chevalier, comte de la Falluère, seigneur de Marigny, la Sicorie, Jallanges, Placé et autres lieux, officier au régiment du roi (infanterie).

De ce mariage sont issus deux enfants :

1° Antonin-Marc Le Febvre, vicomte de la Falluère[1] ;

2° Amélie-Constance, dont nous donnons ci-dessous la descendance.

Amélie-Constance Le Febvre de la Falluère, née le ..., morte le 18 avril 1814, mariée, le 19 décembre 1801, à Pierre-Auguste Fournier de Boisairault, baron d'Oyron, né le 1er juillet 1763, décédé au château d'Oyron, le 23 janvier 1837, fils de Pierre-Jacques Fournier de Boisairault, chevalier, seigneur d'Oyron et de Pontlevoy, et de Louise-Geneviève de Ciret de Bron, officier aux carabiniers de Monsieur. Il émigra et fit, à l'armée des princes, campagne dans les hussards de Rohan. Il fut blessé devant Nimègue, fut un des rares survivants de Quiberon, servit sous Cadoudal, commanda la cavalerie de Stofflet jusqu'à la mort de ce dernier. En 1816, le baron d'Oyron reçut la croix de Saint-Louis et le grade de colonel.

[1] Voir page 69.

Du mariage d'Amélie de la Falluère avec le baron d'Oyron naquirent quatre enfants :

I. Pierre-René-Gustave, qui suit;
II. Auguste-Paul (voir en son lieu);
III. René-Albert (voir en son lieu);
IV. Louise-Stéphanie (voir en son lieu).

I. Pierre-René-Gustave Fournier de Boisairault, marquis d'Oyron, né au château d'Oyron, le 11 mars 1803, décédé en 1864, marié, le 6 septembre 1827, à Élisabeth de Voyer d'Argenson, fille de Marc-René-Marie de Voyer, marquis d'Argenson, et de Sophie de Rosen-Kleinroop.

Trois enfants sont issus de ce mariage :

1° Auguste, marquis d'Oyron, né le 22 avril 1828, mort le 5 août 1877, marié, le 20 mars 1858, à Gertrude Winifred de Stacpool. (Il n'y eut qu'un fils, mort le 21 juillet 1883, dans sa vingt-cinquième année.)

2° Mélanie-Élisabeth Fournier de Boisairault d'Oyron, née en 1831, morte en 1881, mariée à Jules-Octave Luce de Trémont.

De ce mariage il y eut six enfants :

a. Marie-Noémi-Louise, née le 17 mars 1852, mariée, en 1870, à Octave de Fouquet;
b. Georges-Amédée-Jules;
c. Marie-Clémentine, mariée à Louis de Lalande, comte de l'Héraudière;
d. Jules-Amédée-Auguste, officier de cavalerie;
e. Pierre-René-Félix;
f. Octave-Jules, capitaine de chasseurs d'Afrique.

II. Auguste-Paul Fournier de *Boisairault,* comte d'Oyron, baron de Verrières, né au château d'Oyron, le 20 mars 1804, mort le 25 mai 1876, marié, en 1833, à Alexandrine de la Motte-Baracé de Senonnes, née en 1814, morte le 10 février 1871.

De ce mariage sont issus deux enfants :

1° Pierre-François-*Ernest* de Boisairault, comte d'Oyron, baron de Verrières, né le 4 mai 1834, marié, le 29 avril 1862, à Marie-Amélie Fournier de Boisairault, sa cousine germaine, d'où :

a. *Louis-Pierre,* né en 1863, marié, en 1892, à Marguerite Lessart;
b. *Élisabeth-Marie-Gertrude,* née le 7 novembre 1865, mariée, en 1887, à Daniel, comte de Rochequairie;
c. *Marguerite,* née le 20 juin 1872;
d. *Yvonne,* née le 12 juin 1876.

26884. — TOURS, IMPRIMERIE MAME

www.ingramcontent.com/pod-product-compliance
Ingram Content Group UK Ltd.
Pitfield, Milton Keynes, MK11 3LW, UK
UKHW012224240726
13966UKWH00003B/947